本気で豊かになりたいあなたに贈る

副業としての不動産投資

PLAC株式会社
代表取締役

鉄羅敦士
ATSUSHI TETSURA

CROSSMEDIA PUBLISHING

序章 なぜ、『副業＝不動産投資』なのか？

第1章 不動産投資の特性とトレンドを見極める

第2章 不動産投資の圧倒的な魅力

第 **3** 章

3大リスクをコントロールして
ローリスク・ミドルリターンを実現する

なぜ、「副業＝不動産投資」なのか？

1 明るい未来を実現するための副業としての不動産投資

不動産投資って投資じゃないの？
大変そうだし、馴染みもないし、
なんだか副業とは遠いところにある
もののような気がするけど……

会社に依存せず、自分の人生を創る

　最近、巷では「副業」という言葉をよく耳にします。厚生労働省は2018年1月に「副業・兼業の促進に関するガイドライン」を発表し、この年を副業元年と位置づけ、働き方改革の中の大きな柱としました。これまでの常識だった、1つの企業で働き、他社との兼業を禁じる取り決めはなくなりつつあり、多様な働き方が可能になってきています。

　これは未来の人生を他者に束縛されることなく、自ら自由に描けるようになってきた時代が到来しているとも言え、自分の思い描く明るい未来を実現するために、安心できるキャッシュフロー、資産形成を目指すことが求められてきています。会社に依存し過ぎることなく、自分の将来や人生を創りあげていく。こうした考えから、様々な副業にスポットが当たるようになりました。本書では、その方法として新築・木造・一棟アパートによる不動産投資をおすすめしていきます。

　詳細な理由、詳しい進め方については後述するとして、まずは副業として不動産投資が向いている理由について説明していきましょう。

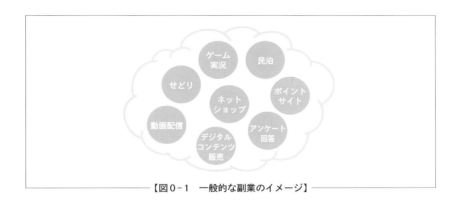

【図0-1　一般的な副業のイメージ】

❖ 不動産は「投資」というよりも「事業」である

　本書では副業を少し広義に捉え、「副収入を得る」と定義して考えてみたいと思います。

　さて、あなたは副業といえば何を思い浮かべるでしょうか？　メインの仕事とは別の会社で就業時間外に働く、メルカリなどのフリマアプリで商品を売る、インターネットでアフィリエイトやせどりを行なう、空き時間でできる募集型の実務作業を受注する（映像編集、ライティング、テープ起こしなど）、などを思い浮かべることでしょう（図0-1）。

　しかし正直な話、これらはいずれも片手間ではできません。自分ですべて準備して、商品を用意したり発送したり、またはお客さんとの折衝に注力したりと、何らかの労力がどうしても発生するものです。

　これらは言ってみれば、「自分で働く」対価として収益を享受するものですが、「お金に働いてもらう」ことを視野に入れれば、自分自身が労力をかける必要はなくなるはずです。

「それは投資ではないか」というご意見も聞こえてきそうですが、どちらかというと先行きが読めない投機的・ギャンブル的な投資とは異

なり、より地に足のついた「事業」としての性格が、不動産投資にはあるのです。

その理由としては、次のようなものが挙げられます。

①資金調達ができる

事業を行なうには、元手が必要です。十分な自己資金がある場合は問題ありませんが、そうでない場合は投資家や金融機関などから資金を調達しなければなりません。この調達が事業を始めるうえで一番やっかいなところです。また実際に事業を運営したとしても、資金繰りは常に経営者の悩みのタネとしてつきまといます。

しかし不動産投資の場合、ほかの事業よりも容易に資金を調達することができます。つまり、銀行でローンが組めるということです。ほかの一般的な事業を見渡して、経営の素人にこんなに簡単にお金を貸してくれる事業はありません。

また、資金調達ができる＝レバレッジがかけられるという事を意味します。金融機関によっては、諸経費込みで融資してくれることもあれば、諸経費が除外されたとしても物件価格全体を融資してくれることもあります。この時、諸経費込みの場合はほぼ自己資金なし、物件価格全体の融資であれば物件価格の3~6%程度の自己資金で不動産が購入できます。ほかの投資と比べても、比較的安全な条件で大きなレバレッジをかけることができます。

なぜそれが可能になっているかというと、大半がローンで物件を買うにもかかわらず、不動産投資が事業として安定して稼げるものと銀行が判断しているからです。言い換えれば、銀行は不動産投資を事業性が高い、つまり、収益性が高い事業として判断していると言えます。

②賃料が安定している

　不動産の世界では、賃料が事業で言うところの売上にあたります。この「賃料が安定している」という点が、旨味のある点と言えます。

　日経平均や世界の株価、地価が大きく乱高下している一方で、賃料相場はこの20〜30年乱高下していません。もちろん、物件の築年数が経過すれば賃料は下がっていきますが、日本全体の賃料相場で言えば、ほとんど上下動がないのです。これは、当初予想した通りの収支になる確率が高いということで、事業としては非常に安定したものになる、ということを表しています。

③生命保険代わりになる

「不動産投資は生命保険の代わりになる」ということを耳にしたことがある人は多いのではないでしょうか。

　不動産投資を始める際には、ほとんどが銀行の借入金で事業を始め、35年程度のローンを組んでその借入金を返済していきます。その際に「団体信用生命保険」（以下、団信）というものが同時に設定されることが多くなっています。これは、返済者がローン契約期間中に死亡したり、重度な疾患に陥り返済が困難になったりした場合、保険金から残債が支払われるというものです。団信の適用によってローンが完済されたあとも、不動産としての資産は維持され、賃料が入ってくるので、遺族にとってはその分の収入が保証されることから、死亡保険や傷害保険と似た性質を持っていると言われています。

　多額の融資で始める事業としては、一番に考えられるリスクが軽減されているという意味でも、不動産投資は特別な存在と言えるでしょう。

④手間なくできる

前述の通り、副業の多くは何らかの労力、手間ひまを必要とします。ところが不動産投資の場合は、ほかの副業、事業と比べてこの労力をほぼ必要としません。人を直接雇用する必要もなく、不動産さえ取得してしまえば、基本的には客付けは客付け会社、建物の管理は管理会社と、多くの業務を専門の会社に委託することが可能なので、やることは毎月送られてくる収支報告の確認と、年度末の確定申告だけ、となります。

⑤節税効果がある

サラリーマンが不動産経営を行なう場合、給与としての所得と合わせて確定申告を行なう必要がありますが、不動産投資が赤字になった場合、すべての収支を通算して計上し、赤字分に応じて納税分の還付を得られることがあります。これを損益通算と言います。

また、10部屋以上のアパートやマンション、あるいは5棟以上の貸与可能な戸建て物件を持っている場合は青色申告特別控除を受けることができ、最大55万円の控除が適用されます。ただ、この要件を満たさない場合は10万円の控除となります。

なお、賃貸物件を運用するには、修繕費、保険料、管理費などの経費がかかりますが、これら実際に費用として支出されるもの以外に、実際には出ていくことのない経費を減価償却費として計上する課税繰り延べが可能です。減価償却費とは、取得した建物や設備の費用を購入時に一括で費用計上するのではなく、法定耐用年数に応じて分割して計上するものです。2年度目以降に計上される費用は、実際には手元から出ていっていなくとも費用に計上できるので、損益通算によって実際よりも年度の利益を小さく見せることによって節税が可能となります。

また、メリット・デメリットの枠組みとは別の特徴として、不動産投資の社会性があります。

　例えば、築古の一軒家で空き家になっている家が日本全国にあります。これは近年、社会問題にもなっている話で、家を相続した人が扱いに困って放置していたり、持ち主不明の空き家で火災が起こったりなど、空き家が生み出す社会的な損失が存在します。

　そこで不動産投資が活性化することによって、空き家を新しい建物に作りかえたり、あるいはリノベーションして賃貸に出したりすることで人が住めるようになり、空き家という社会問題の解消に少なからず寄与している側面があります。

　また、住みたい人のニーズに応えるという需要と供給の関係があります。

　私が若いころは3点ユニットと言って、バス・トイレ・洗面台が一緒になっているアパートがたくさんあり、むしろそれがおしゃれとして打ち出されていました。しかし、いまでは3点ユニットは人気がなく、需要も非常に少なくなりました。

　こうした背景において、いまの時代にあった新しいバス・トイレ別の部屋を作ることは、借りたい人のニーズに応える部屋を供給することを意味しますから、社会の役に立っていると言えます。

　投資という名前がつくためか、不動産投資はマネーゲームのような印象を持った「単なるお金稼ぎのための方法」として語られがちですが、実際には実需に応えるからこそ成り立つ、社会の役に立つ事業であるということも、事実としてしっかり認識しておくとよいでしょう。

以上のように、ほかの副業とは違う魅力が、不動産投資には多くあります。多くの副業が、自分の限られた時間を割く必要がある中で、不動産の場合は、購入時点での検討においてはエネルギーが必要になるものの、以降の運営をしていく中では、あまり手間がかからず、軌道に乗ってしまえば週１時間も使わず、手間のない手順でお金が入ってくるわけです。ここがほかの副業と比較した際の、一番の特長かと思います。

2 不動産投資で最大限に
リスクを減らす方法

不動産投資が副業に適している
メリットについてはよくわかった。

でも当然リスクがあるよね？
どんなリスクがあるんだろう？

❀ 不動産投資の「3大リスク」を考える

とはいえ、どんな事業にもリスクはつきものです。当然ながら、副業として不動産の事業に取り組む際にも、できるだけリスクを軽減する必要がありますが、その実現に一番適した不動産が、「新築×木造×一棟アパート」なのです。

まず、押さえなければならない不動産のリスクは、大きく分けて3つあります。

1）コストのリスク

2）空室のリスク

3）出口のリスク

1）の「コスト」とは、月々のローン以外の支払いにおける、イニシャルコストとランニングコストの2つを指します。とりわけ、これらのうちのランニングコストをいかにして減らせるか、あるいはかける必要があるかを考える必要があります。

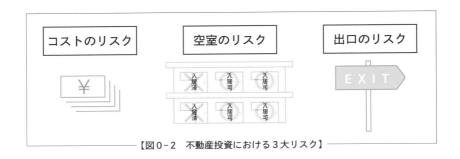

【図0-2　不動産投資における3大リスク】

　2）の「空室」リスクとは、物件に入居者がつかず、売上が確保できない事態をどう回避するか、を意味します。

　3）の「出口」とは、取得している不動産を手放すタイミングを意味します。買いたいと思う人がいて初めて売買が成立するわけですから、どのタイミングで売るのか、そもそも売ること自体ができるのかも含め、必ず考え、計画的に進めていくべき項目です。

　この3つのリスクを減らす工夫ができれば、大ケガをすることなく進めることができます（図0-2）。売りたくなったら売れて、ランニングコストもあまりかからず、ちゃんと入居者もついているという状態であれば、成功に大きく近づける、というわけです。

　そして、この考え方に適した物件として、この3つのリスクすべてをコントロールできるのが一都三県の新築×木造×一棟アパートであり、私たちがおすすめする、これまでの経験からの結論です。

❀ なぜ「新築×木造×一棟アパート」なのか

　では、これらのリスクを考慮して、なぜ「新築×木造×一棟アパート」を特におすすめしているのかを、そのほかの不動産商品と比較す

る形でご説明しましょう。

①一棟 対 区分

まず「一棟」と「区分」の違いです。「一棟」とは、アパートやマンションの建物一棟をまるごと所有すること、そして「区分」とは部屋単位で所有することを言います。

区分マンションは所有している物件が空室であるか否かにかかわらず、管理組合に対する修繕積立金や管理費などの経費がかかります。そのため、月々の表面利回りからさらに何万円かが引かれ、利益やキャッシュフローがほぼ出なくなるケースも散見されます。

それでも区分の物件については、世間的には「節税に有効」であると喧伝される向きもあるようですが、私たちとしては節税には使えないと考えています。それは帳簿上の赤字だけではなく、実際に赤字が出て損した分が節税につながるだけで、実際の利益にはつながっていないためです。このことから、区分は選ぶ理由がないと考えています。

また、区分は自分の意思でコントロールできないこともある点から、非常に経営しづらいとも言えます。「再建築不可」という言葉を聞いたことはないでしょうか。これは、接道義務を果たしていないなど、建築基準法で禁止されている土地にすでに建物が立っている場合、老朽化して取り壊したとしても新たに建築できない物件のことを指します。こうした物件は資産価値も低く見積もられ、担保価値もほぼありません。「再建築不可」はよく聞く条件ですが、建て直しができないために低価格かつ割安である一方、運営のハードルも高いため、検討する価値がないと言えます。

そして区分も自分の意思では再建築ができない点において、実質的に「再建築不可」に近い物件と言えます。

区分の唯一のメリットとして、一棟ものに比べれば価格が低いため、流動性が高い点は挙げられます。ただ、そもそも収益性が低く、儲かるものではないため、流動性が高くても価値が担保されているわけではないと私たちは考えています。

　なお、区分で利益を出すとなると、湾岸エリアでマンションの値上がり益を狙う方法しかないと考えています。そして値上がり益を狙うとなると、暗号資産などの投機的な商品と似た性格を持ち始めるため、不動産投資の安定して収入が手に入るというメリットと反してしまうという理由から、おすすめしていません。

②新築 対 中古

「新築」か「中古」かで言うと、特に築古の中古物件には月ごとに細かな修繕費などのランニングコストがかかる点がデメリットです。

　中古物件経営では、新築時からカウントして10〜15年目に大規模修繕費＝数百万円のコストが発生し、そこから10〜15年くらいは比較的安いランニングコストで運用できるという考え方が一般的です。したがって中古物件はコストのかからない時期、つまり大規模修繕が終わったあとの物件を購入するという方法が挙げられます。

　ただし「出口」の問題を考えれば、売却する際に法定耐用年数が長く残っているほうが買い手は付きやすくなるわけですから、例えば15年目で修繕した中古アパートを買った場合は、残りの耐用年数が5〜6年しか残っていない、といった事態になりがちです。

　また、新築の場合には30〜35年のローンが組めますから、融資の点においても有利で、返済比率が下がり、キャッシュフローも出やすくなります。

　このように、融資、コスト、出口など様々な面で、中古よりも新築

のほうが利益が出しやすいと考えます。

③木造アパート 対 鉄骨・RC造

「木造アパート」と「鉄骨・RC造」の比較で見ると、鉄骨・RC造の場合はまず、建てるための建築費がどうしても高くなってしまいますので、木造のほうが少なくとも１〜２％高い利回りを確保できます。

たとえば、都心の新築木造アパートで、７％の高い利回りの物件があったとします。これが鉄骨になると同じ立地、同じ間取りであったとしても５〜６％程度に落ち込み、さらにRCになれば５％を切るぐらいになります。

不動産投資は土地と建物に貯金していくようなものなので、月々で手元に入ってくるキャッシュフローを求めないのであれば、資産形成の意味においては、鉄骨やRC造の物件を買うという選択肢が存在します。しかし副業として検討する場合、キャッシュフローを生み出すことが重要になってきますので、木造アパートのほうが元を取るスピードが早いのです。

キャッシュフローの視点で補足しておくと、鉄骨・RC造は木造よりも耐用年数が長いことから、長期のローンが組める場合はキャッシュフローがよくなりますが、現実的には40〜45年のローンというのは銀行では組んではくれません。私たちの知っている中で最も長いのは、35年のローンです。そうなると利回りの高い木造のほうが採算をとりやすいといえます。

以上のような理由から、私たちは「新築」「木造」「一棟アパート」であり、ここに加え、東京23区まで１時間程度で出られるエリアにフォーカスしておすすめしています。

序章：なぜ、「副業＝不動産投資」なのか？　まとめ

不動産投資は、資金調達が容易な事業性の高い資産形成法である。

また、「5つのメリット」「3つのコスト」を踏まえ、

「新築×木造×一棟アパート」で仕組みを整えてしまえば、

長期間の安定したキャッシュフローという

副収入を得ることのできる、

まさに忙しい人に最適な「副業」である。

知っておきたい5つのメリット

①資金調達ができる

②賃料が安定している

③生命保険代わりになる

④手間なくできる

⑤節税効果がある

押さえておきたい3つのリスク

①コストのリスク

②空室のリスク

③出口のリスク

第 1 章

不動産投資の特性と
トレンドを見極める

1 コロナ禍は不動産価値を
どう変えたか？

都市部から出る人が増えていくのか……
それとも来る人が増えていくのか……

今後はいったい、どうなる？
本当のところは？？？

✿ 働き方の変化は不動産の価値に悪い影響を
及ぼしたわけではない

　新型コロナウイルス流行による非常事態宣言の発出は人々の生活に大きな影響を与えました。特に大都市の企業ではテレワークが積極的に導入されています。企業にとっては、働き方改革の推進も相まって都心に大規模オフィスを持つ意義を問い直すきっかけとなりました。働く個人の側ではリモートワークが重視されるようになり、2拠点生活を検討する人が増えるなど、ワークスタイル、ライフスタイルを変化させる動きが活発化しています。

　こうした背景から、都心の不動産価値が下落するのではないか？ そう懸念される方もいるかと思いますが、実際はどうでしょうか。

　結論から述べると、本書のテーマである居住用の物件については、初回の緊急事態宣言発出時だけは落ち込んだものの、2020年後半からは回復基調が続いています。また、実は2020年の不動産投資額は世界で東京が1位です。なかでも中古区分マンション販売仲介件数などは、2019年より2020年のほうが増加しているほどです。

❖ 機関投資家の視点から見た不動産の価値

　不動産投資の動向に影響を及ぼす機関投資家の見解を見てみましょう。財団法人日本不動産研究所「第44回　不動産投資家調査」（2020年10月、図1-1）によると、不動産投資家の今後1年間に対する考え方として、「新規投資を積極的に行う」という回答が92%となり、前回調査（2020年4月）よりも6ポイント上昇。また、「当面、新規投資を控える」という回答は11%で前回より7ポイント低下。これはつまり、投資家がコロナ禍の影響を受けてなお、投資に積極的に動こうとしている表れです。前回調査で、緊急事態宣言の前後でいったん逆方向に推移したものが元に戻っている動きからも、今回の事象は一時的なものと言えます（図1-1）。

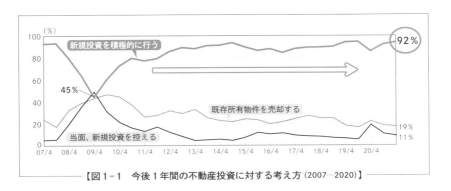

【図1-1　今後1年間の不動産投資に対する考え方 (2007—2020)】

　実際の売れ行きの動向について、次頁の図1-2は同研究所が示す、ここ22年間の期待利回りの推移です。東京丸の内、大手町のオフィスビルを見ると、一旦上昇した前回調査と変わらず3.5%で底を打っていることがわかります。ここで、利回りが下がるというのは、言い換えると、価格が上がっていることを表します。したがって、物件の売

れ行きは鈍っていないということを意味します。

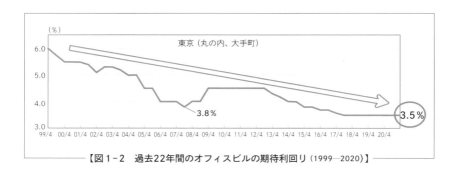

【図1-2　過去22年間のオフィスビルの期待利回り（1999—2020）】

　図1-3の賃貸のワンルームタイプ（東京 城南地区）の場合でも同様です。グラフのとおり、オフィスビルと同じく利回りは低下傾向であることから、物件の価値は下がっていない、と言えます。

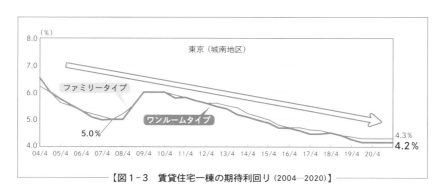

【図1-3　賃貸住宅一棟の期待利回り（2004—2020）】

　住宅以外の施設を見ると、宿泊施設やホテル、商業施設など、直接的な打撃を受けた産業に関する不動産については、利回りが上昇、つまり価値が下がっています。一方で、物流施設・倉庫などは明確に利回りが低下、すなわち価値が上がっています

　さらに、調査対象の方々に向けた「新型コロナは、御社の不動産投

資スタンスをどのように変化させましたか」という問いに対しては、77.8％もの人が、「投資姿勢に特段の変化はない」と答えており、2.2％の人が「新型コロナによって、積極的に投資を行う姿勢が強まった」と答えています。このうち、「投資姿勢に特段の変化はない」と答えた理由として最も多かったのが、「経済活動の停滞は一時的に過ぎず、景気の変動は限定的であると見込まれるから」という回答でした。

　ちなみに、近年起こった「突発的な危機」に対する反応ということで比較すると、先程の図1−1で、リーマンショック（2008年9月）の時には、投資家はかなり機敏に動いた傾向が見られます。機関投資家は資産を運用するのが仕事ですから、社会の事象には即座に反応するはずです。裏を返せば、彼らがどう考えているかを知ることが一般投資家の判断でも参考になります。

　結論としては、機関投資家たちはリーマンショックに対しては敏感に反応した一方、コロナショックはむしろ「買い」のタイミングだと考えているようにも見えます。

❖ 一般の住宅需要

　一般の需要動向はどうでしょうか。ニッセイ研究所が発行している「不動産投資レポート」によると、2020年10〜12月期の新設住宅着工戸数は前年同期比で7.0％減少、首都圏のマンション新規発売戸数は1.9％増加、中古マンションの成約件数は11.8％増加しています。

つまり、商業用不動産と宿泊関連施設以外は、2020年の最初の緊急事態宣言後は下がったものの、2020年後半には回復したということがわかります。

　また、「首都圏のマンション市場動向　2020年のまとめ」（不動産経済研究所）の調査によると、「地区別価格動向」首都圏のマンション供給戸数は減っています。ただ、価格は1.7％上昇、平米単価の平均価格も5.2％上昇しています。内訳の中で東京都下と千葉はわずかに下落しているものの、都区部を見ると価格は5.8％上昇し、同じく神奈川、埼玉でも価格が上がっています。

　契約戸数・契約率のデータでも、結局、一番落ちこんでいたのが、2020年の４～６月くらいまでで、７月以降は前年比ではプラス傾向に転じています。

　つまり状況としては、第１回目の緊急事態宣言解除のあと、元通りになったか、あるいはこの期間に動けなかった分の揺り戻しで動いたことが想像できます。

　アンケートの結果からもわかるように、今後、機関投資家たちは投資を積極的にしていくでしょうし、同時に住宅需要も底堅く、賃料も下がってない状況から、影響は一時的だろう、と見ているのが専門家の見解だと言えます。

❀ 収束と共に、元に戻ることが　高い確率で予想できる

　ここまでに述べてきたように、業界内では今回の新型コロナウイルスの影響は「一過性の災害」のようなものと捉えられており、ワクチンや特効薬の効果を期待しつつ、収束すれば以前と同じような状況に

戻るだろうと多くの人が考えていると言えます。

　もちろん、冒頭に述べたように、リモートワークが増えたことでオフィス需要が減少し、都心のオフィスに空きが出たり、賃料が少し下がることはあるかもしれません。しかし過去の動向との比較や、現在の投資家のスタンスから考えれば、コロナ禍の影響は一時的なものという視点が業界内での見立てです。

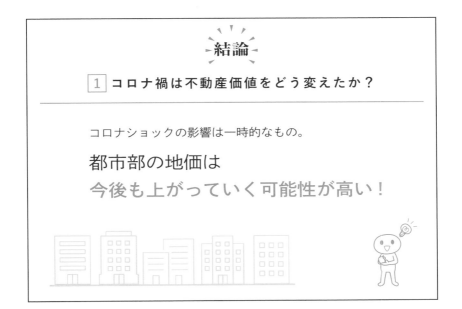

結論

1 コロナ禍は不動産価値をどう変えたか？

コロナショックの影響は一時的なもの。

都市部の地価は
今後も上がっていく可能性が高い！

2 コロナショックによって不動産の 見極めはどのように変化した？

積極的に進めるべき
ということはわかった。

では、どのように
考えていけばいいのだろう？

🍀 東京23区は依然として根強い人気。 周辺３県もおすすめ

　こうした状況を受けて、今後の不動産投資の見極めはどのように変えていくべきなのでしょうか。

　前提として、先述の話を踏まえれば、始められるならできるだけ早く始めたほうがいいと考えます。各種データはネガティブな先行きを示していないことから、購入できるならば積極的に購入していくべき局面だと言えます。

　ただ、物件の傾向として、しいて変化をあげるとすれば、関東の一都三県に人が移る傾向があるという点です。

　図１-４は2019年と2020年の都道府県別の転入・転出者数の数字です。2019年に東京に転入してきた人たちが約８万人いたところが、2020年には３万人台に減少しました。これをみると、東京に転入する人は減っているものの、やはり日本でいちばん多いということです。なお、神奈川は横ばい、埼玉は微減、千葉は増加となっています。

　コロナの時代においても、このような転入数の推移が見られるとい

上段：2020年、下段：2019年

〈転入超過が多い〉　　　　　　　　　〈転出超過が多い〉

東京	3万1125人 8万2982人		愛知	−7296人 −1931人
神奈川	2万9574人 2万9609人		兵庫	−6865人 −6038人
埼玉	2万4271人 2万6654人		福島	−6681人 −6785人
千葉	1万4273人 9538人		長崎	−6379人 −7309人
大阪	1万3356人 8064人		岐阜	−5803人 −6765人

※マイナスは転出超過　　　　　　　　　　　　　　日本経済新聞より

【図1-4　2019年と2020年の都道府県別の転入・転出の数字】

うことは、一都三県の転入数は今後も増え続けることを予測させます。そのなかで東京の減り具合が多く、神奈川、埼玉、千葉がふんばっている点を考えれば、東京一点集中ではなく、神奈川、埼玉、千葉の不動産投資に目を向けても面白いかもしれません。

　私たちも結局、23区内の賃貸物件は、緊急事態宣言まっただなかにあってすら入居の流れがあったと体感しています。これを執筆している時点でも、引き渡し前の未完成の新築アパートには、すでに申し込みベースで7割か8割くらいが埋まっています。23区のニーズは依然として強く、それ以外の一都三県も底堅い状況です。

　推論に過ぎませんが、東京に転入する人たちの属性として、憧れで上京する人や新社会人、学生などが考えられます。今回のコロナ騒動で東京に来るのをやめた人が多くいるため、東京の減り幅は大きく見えますが、その周辺地域、たとえばリモートワークで23区から移動した人の比重が東京よりも上がったことで、横ばいに近い数字になっている可能性があります。

❈ 不動産の価値は極めて安定している

　先述の通り、オフィスビルについては、利回りは上がっておらず、価値は下がっていません。つまり、世界中からの投資が東京、または周辺県に集中しているという状況に大きな変化がない、と言えます。

　購入価格についてはスルガショック（スルガ銀行の不正融資事件）以降、私たちも仕入れたいという狙いがありますから、下がってほしいとずっと思っています。しかし、現実はそうはなっていません。

　同様にアフターコロナのいま、一都三県の私たちが投資するエリアにおいてもスルガショック以前の相場と変わらず、高止まりしている様相を呈しています。これに伴い、家賃相場も下がっていません。

　これは裏を返せば、どんな時代でも首都圏の相場は安定していると言えるのではないでしょうか。

❈ 不動産投資のポイントは 「価格が高い／低い」とは別のところにある

　一方で、「高い買い物をするくらいなら控えよう」という考えを持つ人がいるかもしれません。ですが投資とは、その時の価格の高さや割高感で判断するものではない、と私たちは考えています。

　少し極端ですが、暗号資産で例えてみましょう。ビットコインが世間で注目され始めた頃、急激に価値が上昇し、その後、取引所の事件などもあって急落しました。そしてまた最高値更新などと騒がれているように、激しい価格の乱高下が続いています。

　こうした一部の金融商品は、短期的な「投機的」商品としてとらえられる場合があり、その際には購入時と売却時の価格の差によって生まれるボラティリティ、つまり値上がり益＝キャピタルゲインを狙う

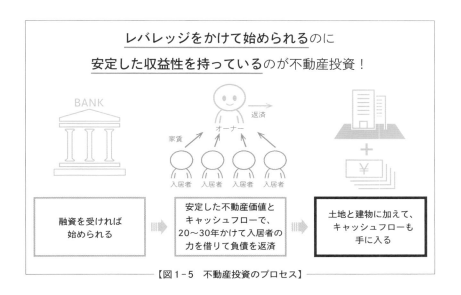

レバレッジをかけて始められるのに
安定した収益性を持っているのが不動産投資！

BANK

返済

オーナー

家賃

入居者 入居者 入居者 入居者

| 融資を受ければ始められる | | 安定した不動産価値とキャッシュフローで、20～30年かけて入居者の力を借りて負債を返済 | | 土地と建物に加えて、キャッシュフローも手に入る |

＋

¥

【図1-5 不動産投資のプロセス】

戦略が一般的ですが、これは言うなればギャンブルのようなものです。

　一方で、私たちが考える不動産は、これら投機的な商品とはまったく違うものです。比重を置くのは、安く買って高く売るキャピタルゲインではなく、長期運用で継続的に生まれるインカムゲイン＝キャッシュフローです。事業として毎月、一定の収益を堅実に生みだす。不動産投資とは、そういうビジネスであると認識してほしいのです。

　そう考えた時、実は不動産の価格が上がろうが下がろうが、インカムゲインの収益性は変わりません。支出は最初に組んだローンの計画通りに支払えばよいし、収入としての賃料は前述の通り、リーマンショックが起こっても、ここ20～30年変わっていません。したがって見込みの収入が変わらず、予測が立てやすいのです。

　そしてこのように事業として安定しているからこそ、銀行もお金を貸してくれるわけです。つまり、事業計画上は不動産の価格が上がっても下がっても、物件の収支にはあまり関係がないということです。

また、不動産の場合は株などのように、価値が下落することによってゼロ、つまり紙切れになることはほぼありません。したがって、ちゃんと返済さえしていけば、損することはないのです。頭金を少し入れるだけで始められ、その後は20〜30年かけて賃貸収入を手に入れながらローンを返済していき、完済できれば、最終的には土地と建物が残るうえ、キャッシュフローも生まれます。もちろん売却価格によっては、最後の利益が多少増えたり減ったりしますが、よほど高値で物件を購入していない限りは累積の賃料収入とあわせてトータルではプラスにできるのです。

　過去と比べればいまは高いと思われるかもしれませんが、それはほかの投資に関しても同様です。重要なのは、いまここから始めるにあたってどうなのか、ということです。不動産の価値は安定している、ということを踏まえれば、過去の価格との比較でネガティブな判断をする必要はないと思っています。

⋆結論⋆

2 コロナショックによって不動産の見極めはどのように変化した？

- 根強い東京23区に加えて、周辺3県もおすすめ。

- 不動産の価値はどんな時代でも極めて安定している。

- 重要なのはキャピタルゲインではなくインカムゲイン。不動産投資のポイントは、「価格の高低」ではない。

3 新築×木造×一棟アパートが 有利になっていく理由

不動産投資の環境はよくわかったし、
将来性も有望と言えそうだ。

じゃあ、その中で、
「新築×木造×一棟アパート」という方法は、
どういう位置づけになるのだろう？

そして始めるにあたっての最適な時期は、
どう考えたらよいのだろう？

一般論の大きな流れで言えば、「在宅ワーク」という新しい働き方はコロナ禍が収まったあとも、ある程度は定着すると見ています。つまり、自宅で仕事する人が増えるということです。これによって住宅の価格が上がる、あるいは中古住宅の件数が増えるといった影響があると予測しています。

例えば、まずは一都三県を中心とした都心部において、一棟アパートに限らず住宅への投資が今後も伸びていき、価値が上がっていく可能性は前述の話からも高いと言えるでしょう。都心のオフィスに通勤せずに家で仕事をする、東京から離れて郊外の家に住むなど、いずれにせよ住居用の不動産の価値が上がる可能性は高いと予想します。

そのうえで新築×木造×一棟アパートという方法は、前述の通りの強みがあるということです。

✿ 入居する人たちの属性

新築×木造×一棟アパートに入居する方々の属性は大学生から新社会人から20代ぐらいの人、あるいは外国人や老人が多いと言えます。

新築×木造×一棟アパートとなると、そんなに広い部屋ではなく、単身者の住まいとしての利用が中心になります。ですから入居者としては、それほど所得が高くないものの、これから頑張って所得アップを目指していこうとする人たちがメインになっていきます。

さきほど、東京含め、周辺県には転入超過が多いと説明しましたが、まさにこれらに該当する、東京近郊で流動する若い世代をターゲットにしていることも、この需要の底堅さを支えていると言えるかもしれません。

ただ、日本全体で見れば人口が減少しているため、今後の流れはわからない面があります。とはいえ、大学などは特に東京に集中しており、23区内に移転する大学があることなども含めて、人の流れが都心部に回帰するトレンドがあります。この傾向からも都心部の物件価値はさらに安定していく可能性が高いと言えます（図1-6）。

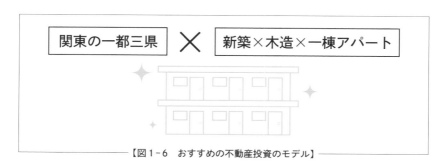

関東の一都三県 ✕ 新築×木造×一棟アパート

【図1-6　おすすめの不動産投資のモデル】

始めるのが早ければ早いほど メリットがある理由

こうした状況を踏まえつつ、先ほど不動産投資を始めるうえでは、いずれ始めるのであれば早いほうがいいとお伝えしました。実はこうしたことをお伝えする理由が、いくつかあります。

1つ目に、資産運用でよく語られる「複利」という考え方に沿うと、早く始めれば始めるだけ加速度的に資産が増えていき、20〜30年後で比較すれば、遅く始めた場合との差がどんどん広がっていきます。これは不動産に限らず、資産運用のセオリーとも言えます。

　2つ目として、不動産には「ローン」がつきものです。長い期間で借りるほうが月々の支出は少なくて済みますが、設定できるローン期間には年齢による限界があります。ローンと同時に加入する団信は80歳までですので、例えば30年のローンが組める物件だったとしても、50歳を超えて開始しようとした場合は30年ローンが組めなくなる、ということには注意が必要です。一方で30年未満での返済計画となると、キャッシュフローはおのずと厳しくなり、下手をするとローンが通りません。つまり、始めるためのタイミングが限られている、ということです。

　3つ目に、ローンは若いうちに「完済」できれば未来の生活がさらに安定すると言える点です。例えば35歳で購入したとして、35年ローンの場合なら70歳で完済となります。現時点では60〜65歳の定年を設定している会社が多く、ローンの残債支払いに定年時の退職金をあてるケースが散見されます。しかし、健康寿命の延伸と働き方の見直しの流れから、昨今では70歳定年制も現実的に議論されるようになりました。もし70歳まで会社員として勤めることができていたら、完済まで毎月収益プラスのままローン完済も可能になり、そこに退職金をあてる必要もなく、リタイア後には純粋なインカムゲインだけを受け取ることもできるのです。

　逆に年齢が50歳近くになると、先ほど述べたようにローン期間自体にも制限が出てくるほか、80歳手前になってもローン返済が続くことにもなりかねません。

✤ 融資が通る人とは

　よい条件でローンを活用する、あるいは高齢になっても支払いが発生しないようにするためには、現金一括で買うか、高い比率の自己資金で始めるか、できるだけ早く始めるかのいずれかが選択肢となります。しかし現金一括で買える人や、自己資金が高い状態で開始できる人は少ないのが実情です。

　そのため、実際に不動産投資を始める方は、ほぼ銀行からの融資を受けてスタートします。ゆえに、早くから不動産投資を始めるにあたっての最も大切な条件は「融資が通るかどうか」という点になります。

　融資が通る人の理想的な属性や条件としては、年収700万円以上で、自己資金1000万円以上とお伝えしています。あるいは東証一部上場の大手企業に勤めている方で年齢が若い場合は年収500万円以上という条件もありえます。なお、この条件に当てはまらない人でも、自己資金が多ければ金融機関によっては融資が通るところもあります。目安として、自己資金1000～2000万円程度を貯めることができれば、ローンを組んで不動産投資を始めることができます。

　また、年収700万円とは一馬力、つまり基本的には個人年収が推奨されます。場合によっては連帯保証で通してくれるところもありますが、非常に稀なパターンと言えます。

　そして、医師などの高額所得者をのぞけば、会社員、あるいは公務員という属性が重要です。正直なところ、個人事業主で年収700万円では難しいというのが現実です。理由としては「安定した給与を継続的に取得している」という点が信用の担保になるためです。

なお、個人事業主であっても可能なケースもあります。例えば年収がかなりの高額で1500万円あるという場合でも、私たちが推奨する融資の形式では難しいという判断にはなりますが、それほどの年収があるならば、おそらく多額の自己資金を用意できる方が多いはずです。そこで「自己資金があれば可能」という金融機関のローンを使う可能性を探るという作戦が考えられます。

　ただし、それでも金利面での優遇が受けづらい可能性があるため、比較すると年収700万円のサラリーマンのほうが年収1500万円の個人事業主よりも有利な金利でローンを組むことができます。

❀ 長期運用で安定的かつ継続的な キャッシュフローを得る

　ここまでの話を踏まえると、融資の条件を満たしている方は早く始めて有利な条件を確保しつつ、安定的にキャッシュフローを得ながらも、支払い能力があるうちに売却するか、完済を目指すという戦略がセオリーです。

　ここを前提として、長期で不動産を持ち続け、継続的なインカムゲインで利益を出していくというビジネスモデルが「新築×木造×一棟アパートの不動産投資」だと認識していただければと思います。

　この対極に位置するのが短期売買です。こちらは、「安い時に買って、高くなったら売る」というロジックです。前述の内容を踏まえれば、不動産投資そのものが持つ「安定性」という特性を利用する観点を無視している方法であり、事業ではなく極めて投資的な考え方に寄ってしまうことから、必然的にリスクの高い方法だと言えます。

大切なことなので繰り返しますが、長期的な事業としての不動産投資において重要なのは、購入価格の高低ではありません。むしろ、都心の転入動向や入居率の動向などから影響を受ける性質が高い中で、一都三県においてはポジティブな動向が続いており、コロナ禍の影響をそれほど受けていない、という点に注目しましょう。むしろ、これからも買いだという状況は続いている、というところがミソです。

結論

③ 新築 × 木造 × 一棟アパートが有利になっていく理由

① 不動産投資の中で
　「新築 × 木造 × 一棟アパート」は
　安定して優れた方法。

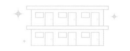

② 「複利」「ローンの融資／返済」の観点から、
　できる人はすぐに始めたほうが
　効果を最大化することが可能。

③ マーケットの状況を鑑みれば、
　始めるなら"今"。
　思い立ったが吉日。

4 「今は買わない」という判断の リスクを考える

不動産投資の特性やメリット、
おおまかな方法については理解できた。

でも、いますぐ買わなくても
いいのでは……？

購入を先送りすることによるリスク

　不動産投資を始める際の3つのリスクというお話はすでにしました。「コスト」「空室」「出口」のリスクです。

　これとは逆に「いまは買わない」、つまり購入を先送りした場合のリスクについて考えてみましょう。例えば、いま買える条件が整っていながら、もう少し様子見すると決めて5年後に購入した場合、どのような機会損失が考えられるでしょうか。

　まず、いま使える金融機関が使えなくなるリスクがあります。銀行の融資条件は、経済の情勢などによって月ごとに変わるものです。ある銀行では、フルローンで融資可能のプランを提示していたのですが、ある時から10％の自己資金を入れないと受け付けないことになりました。これはコロナ禍だけでなく様々な社会・経済情勢の変化によって、以前からよくあったことです。

　また、経済の影響によっては勤務先の業績が悪化することで、給料が下がるリスクも考えられます。そのほか、転職した場合は短い時で

は勤続3年以上でないと融資が出ませんので、転職した時点で計画が立てられなくなることもあります。

つまり、一般的には大したことがないと思われるような変化でも、融資が使えなくなる可能性があるのです。決して不安を煽りたいわけではないのですが、事実として本当に、1か月後にいまと同じ条件で買えるかどうかわからなくなる可能性があります。

例えばいまから5年後、以前の想定よりも5年短いローン期間で借りるとします。借り入れ期間が短いということはその分、金利分の支払い額が少なくなりますが、当然ながら月々の返済金額は大きくなります。日々の支払いが厳しくなるので、万が一、何か健康上の問題が起きたり、給料が下がったりした時に、払いきれなくなるというリスク、つまり事業が不安定化するリスクがあります。

また、別の観点から見ると、不動産投資は安定したキャッシュフローに魅力のある事業ですから、いまは様子を見て5年後に購入するとなると、この5年で手に入るはずだった収益が手に入らないという機会損失が生まれます。

「コロナ禍の影響から、数年は様子を見ておきたい」という方は少なくないと思います。ですが、データから見る市況に関しては前述の通り問題がなく、未来に何が起こるかは誰にもわからないため、買えるうちに買っておいたほうがいいという考え方が間違いのない方法だと思っています。

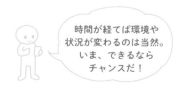

時間が経てば環境や
状況が変わるのは当然。
いま、できるなら
チャンスだ！

一馬力700万円が必要な理由

　融資審査を成功させる条件として、「一馬力で年収700万円が必要」という話をしました。補足をしておくと、これが重要な理由は、民法が2020年4月に改正されたためです。

　以前は夫の年収が600万円、妻の年収が500万円の夫婦の場合であれば、世帯年収1100万円としてローンが通っていました。しかし民法改正後、連帯保証の難易度が非常に高くなった関係で、ほとんどの金融機関が収入を合算して評価することをしなくなったのです。

　つまり、ほんの少しのタイミングが影響して、改正以前であれば通っていた審査も、単身の年収で評価される基準に変わってしまい、融資が通りづらくなってしまったのです。こうした流れは、いわゆる「スルガショック」以降、特に顕著です。

　このように、銀行も経営の都合上、条件がよく変わります。そしてここ数年はネガティブな変更が目立つように思います。前提として投資家にとってプラスになるような変更はほぼない、という環境認識は必要な観点でしょう。

機会損失してしまう人の事例

　ご夫婦で不動産投資に取り組みたいという考えをお持ちで、世帯年収が2000万円弱ある方のお話です。旦那様が勤務医、奥様は会社を経営されていました。ご年齢がお二人とも50歳手前で、お子様が一人いらっしゃいました。

　旦那様はとても大きな戸建て物件を無抵当でお持ちでしたが、資産はそれのみで、自己資金はありませんでした。奥様のほうは会社経営

者ですが、特別所得が高いわけではなく、しかし自己資金は1500万円くらいお持ちでした。

　奥様は不動産投資を積極的にやっていきたいという意思を持っている方でしたが、割安でお買い得な物件、掘り出し物の物件が必ずあると考えており、「掘り出し物がなければ買わない」というスタンスでした。

　不動産はオープンではない市場に見えるためか、掘り出し物を探す人が多く見られます。しかし基本的に、掘り出し物は一般の人の手に届く前に、強い資金力を持った資産家や不動産会社などが現金で購入してしまい、市場に出てくる時には相場通りの価格になります。

　つまり、よほど強い資金力がない限り、掘り出し物は手に入らないのです。しかし、このご夫婦は相場通り、あるいは相場より少し割の良い物件が出てきても、大きな利益には繋がらないと考えて、掘り出し物を探し続けていました。

　結果、3年経ったいまでも購入できず、そうしているうちにローンの審査が厳しくなりました。夫婦合算の年収では見てもらえなくなり、金利などの融資条件は悪化し、より不利な状況になっています。

　一方で、3年前に買ったほかの人は、既に数百万円／年と言うキャッシュフローを得ています。

　「納得できる物件を見つけ、購入する」ということは、とても重要な考え方です。ここに明確な正解はないため、こういったケースであっても私たちが強く購入を迫ることはありません。しかし物件を扱う立場から見ても、自ら不動産投資をしている私個人から見ても「早く始めないのはもったいない」と感じざるを得ません。

　前述の「購入を先送りすることによるリスク」でも述べたように、不動産投資が可能な条件を満たしている方であっても、その状況がい

つ変わってしまうかは誰にもわからないのです。

不測の事態に陥った時、どのように備えればよいか

　長期で不動産投資を行なうのならなおのこと、「不測の事態」のことを考える方も多いのではないでしょうか。ここでは考えられる「不測の事態」とその実態、そして対処法についてお話しします。

　おもに「物件」に関するものと「自分自身」に関するものがありますが、結論から言えば、「不測の事態」にまつわるリスクは、不動産投資の属性や近年の状況を踏まえれば、そこまで大きくないというのが弊社の見解です。

物件について

　まず、不動産投資で不測の事態として考えられるのが災害です。災害は単純明快で火災地震保険に入っていれば保証されます。

　そのほかに、反社会的勢力の人が入居する、事故物件化するなどといった事情により、稀に物件価値が大幅に下がることがありえます。

　なお、事故物件に関しては、かつては特殊な保険でカバーするか、内容によってはカバーできないことがほとんどでしたが、2021年5月に国土交通省がガイドライン「宅地建物取引業者による人の死に関する心理的瑕疵の取扱いについて」を作ったことで、過去の判例などをもとに、事故物件の告知義務の範囲や期間などがかなり詳しく明示されるようになったことで大きなリスクではなくなりました。

❀ 自分自身の変化について

　次に自分自身の変化についてです。まず考えられるのは会社を辞めて収入が途絶えてしまった場合です。これについては、基本的に私たちが紹介しているような物件であれば、そもそもの返済利率が低くて５割くらい、高くても６〜７割までに設定して購入することが多いため、実際は収入がなくても、ある程度は事業を続けていけるようにリスクヘッジしています。

　また、体の不調で働けなくなった時でも同様に、物件単体で回し続けることができますし、団信で対策を立てていれば、何かあった際のリスクヘッジも可能です。

　したがって、働けなくなった時に自分の代わりに利益を生み出してくれるのが不動産投資です。そのため、私たちは常に、人生単位でリスクが低くなるという意味から見ても、自宅を買う前に投資用アパートを買うことをおすすめしています。

☀ 結論 ☀

4 「今は買わない」という判断のリスクを考える

- ●いま、買えるのであれば、チャンスと捉える。

- ●時間が経てば状況や環境が変わり、融資を受けられ
  なくなる可能性があることを知っておく。

- ●購入後のことが不安な場合は、リスクコントロールを
  する方法を調べて、計画に組み込む。

第1章：不動産投資の特性と
トレンドを見極める　まとめ

マーケット

投資家の動向と**一都三県を中心**とした

データを根拠として、**コロナ禍の影響は一時的**、

かつ**今後も地価が上昇する可能性は高い！**

「不動産投資」の特性

**長期の
キャッシュフロー**

低リスクの安定型

手間がかからない

➡ 副業として最適 !!

開始タイミング

「複利の最大化」「融資の実現性」「機会損失の回避」

「ローン返済の開始年齢」「環境変化のリスク」

を理由として、できる人は**いますぐ始めるべき！**

不動産投資の圧倒的な魅力

ここまで、現在の不動産投資の状況と今後の動向の予測について、簡単に説明してきました。本章ではあらためて、私たちが不動産投資をおすすめする理由・魅力について、もう一歩踏み込んで詳しくお伝えしていきます。

　序章でも述べたように、不動産投資の魅力のはこの５つです（図２-１）。

1．資金調達ができる
2．賃料が安定している
3．生命保険代わりになる
4．手間なくできる
5．節税効果がある

これらを一つひとつ、詳しく解説していきます。

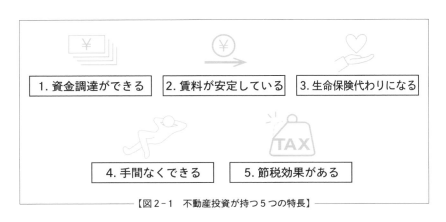

【図２-１　不動産投資が持つ５つの特長】

不動産投資の魅力 1

資金調達のハードルが低い

銀行の融資の根拠となる、
「資金調達ができる＝事業性がある」
とは、

どういうことだろう？

不動産投資は……
資金調達ができる

不動産投資は……
事業性がある！

✿ 銀行にとっては借り手の返済能力が最も重要

　不動産投資がその他の金融商品と大きく違うところは、銀行からお金を借りて始められる点、つまり他人のお金で事業を始められる点であるとご説明しました。このようなことができるのは不動産投資の特権ですので、まずはここが大きな特長となります。

　銀行が融資してくれるのは、不動産投資に事業性があるからだと前述しましたが、銀行が「不動産投資は事業である」、つまり「投資に値する」と判断している点には明確な理由があります。

　言葉を変えると、銀行の最も重要な判断基準は、「融資をしっかり回収できるか否か」というところです。まず、不動産には物件という

実体としてのモノ、つまり現物資産があるため、そもそもリスクヘッジされていると判断されます。

さらには銀行が過去に何度も融資に取り組んで蓄積してきた経験から、不動産投資の融資そのものの扱いに慣れている、という点も銀行がお金を貸してくれる理由の１つです。

一方で、銀行は個人から預金を集めて、その預金を元手として投資をすることで利益を出しています。しかし例えば、不動産投資の融資担当者は20〜30代前半の銀行員が多く、事業の将来性を見極める目利きの経験は豊富とは言えないことが多いものです。彼らはただ淡々と、銀行の規定にしたがって融資できるかできないかを判断します。

つまり、銀行は事業の将来性で判断するのではなく、物件の価値担保評価がある程度認められることや、物件に何かが起きて収入が減ったとしても返済は可能か？　といった項目を重視します。

また、基本的には銀行の評価は積算価格と収益還元率の２つの観点で行なわれます。そして軸足をどちらに置いているかで銀行の個性を見ることができます。例えば収益還元率をベースに置いている銀行の場合、「高収益＝高評価＝りん議上余裕がある」という考え方となり、金利などをはじめとする諸条件を相談しやすくなります。

このような意味を含めて、銀行は独自の規定に則って、物件の収支性も加味した上で判断をします。そのほか、銀行によっては新築が得意、中古が得意という特性もあります。判断の基準は銀行ごとに異なる特徴を持っていますので、融資する・しないという判断はこういった観点も踏まえながら行なわれることを知っておいた方がよいでしょう。

一般的なビジネスと比較して、 一般的なビジネスと比較して、 不動産投資は資金調達のハードルが低い

一般論として、「ビジネスに対する融資」という観点で見た時に、「見

込みのある良いビジネスプランであればあるほど、多くのお金を貸してくれるはず」というイメージがあるかもしれません。しかし実際には、銀行はなかなかお金を貸してくれません。例えば、「今までにはなかった、とても価値のあるすごいサービスをやります！」と銀行に持ち込んでも、二つ返事で融資してくれることはないでしょう。

　なぜなら、あなたが極めて優れた、世の中を変えるような事業を銀行に提示したとしても、20〜30代前半の銀行員では儲かるのかどうかが判断できないからです。だからこそ、世の中にはエンジェル投資家やクラウドファンディングというサービスがあり、ベンチャービジネスのニーズが存在しています。

　一方、不動産投資に関しては前述の通り、過去に多くの融資を銀行が手掛けてきたことから、破綻することなく事業として回るかどうかの判断が知見として蓄積されています。つまり、踏み込んで言えば、銀行が融資の際に重視するのは事業性の将来性ではなく、銀行が理解できる属性の事業なのかどうか、そしてその内容をどれだけ把握しているのか、という点なのです。

　銀行から資金調達できる理由は、こうした点にあります。

結論

1 不動産投資の魅力1：資金調達のハードルが低い

- 銀行は不動産投資の将来性に投資しているのではなく、回収できる案件かどうかで融資をしている。

- しかし不動産投資の特性上、そもそも回収がしやすく、扱いに長けていることから、一般的な事業の融資と比べて、ハードルが低い。

賃料が安定している

誰かが意図的に相場を
決めている可能性もある？

不動産投資は……
賃料が安定している

コロナ禍でも家賃への影響が
軽微だったのはどうして？

バブル以降、家賃相場がほとんど
変わっていないという事実

　賃料については、バブル以降の家賃相場がほとんど変わっていない、というお話はすでにお話ししました。

　日経平均株価、国土交通省公表による地価公示データ、総務省統計局の消費者物価指数を参照すると、日経平均株価と住宅地価は経済の動向と共に大きく上下する一方で、民営家賃はほぼ一定の水準で推移しています。

　このことは、先ほどの「事業性がある」と判断する一つの根拠でもあります。購入した時点で設定した家賃は築年数が古くなるにつれて徐々に下がることが当然あるとはいえ、ある程度の安定性を持って推

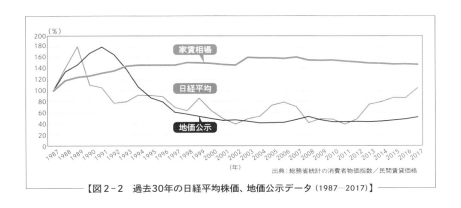

出典：総務省統計の消費者物価指数／民間賃貸価格

【図2-2　過去30年の日経平均株価、地価公示データ (1987─2017)】

移していくことが予測できるからです。

　つまり、今回のコロナ禍のようなことがあったからといって、来年から家賃半額になります、ということにはならないわけです。したがって、安定した収益が見込みやすいと言えます。ほぼ当初の想定通りの収支になるというところが、ローンを組んで購入する際に安心して投資できるというポイントです。

❀家賃はどうやって決まる？

　実は、さてこの家賃、どのように決まっているのでしょうか。

　家の売買価格もそうですが、家賃はそのエリアの相場"だけ"で決まります。建物の建設にいくらコストがかかったか、などはあまり関係がありません。このエリア、この広さ、構造が木造だったらいくらというように、すべて周辺エリアの相場データで算出されます。特定の誰かが自らの利益を優先して価格を設定できるものではありません。

　つまり不動産の家賃も一般論に同じく、需要と供給のバランスで決

まります。一般論で言えば、料理店のメニューなどがそうですが、売りたい側が〇〇円で売りたいからといって、その価格で買ってくれる人がいなければ売買は成り立ちません。例えば、最近では安価な宿泊料のホテルもありますから、賃料があまりに高くなってしまえば、「賃貸物件で暮らすよりもホテルのほうが安い」ということになってしまうことと同じです。

　家賃はこうした経済合理性で決まるため、作り手側／供給側の一方的な都合で価格が決まるものではありません。ご安心ください。

　また、誰にもコントロールできないからこそ、実際の賃料もほぼ横ばいで推移していると言えます。考えられるケースとしては、首都が移転するようなレベルの大きなインパクトを伴う出来事が起こり、東京から急激に人がいなくなるなどの事象がない限り、こうした前提は変わりません。つまり、不動産投資は極めて安定したキャッシュフローを長期で生み出す特性を持っていると言えるでしょう。

・結論・

② 不動産投資の魅力２：賃料が安定している

- バブル以降、家賃相場はほとんど変わっていないという事実
- 家賃は相場で決まるため、
  意図的に決められるものではない

3 | 不動産投資の魅力3

生命保険代わりになる

一般的には団信だけが
生命保険代わりになる、
と言われているけれど……？

不動産投資は……

生命保険代わりになる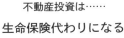

団体信用生命保険 ＋ ？？？

✿「生命保険代わり」が持っているポジティブな 2 つの意味

「生命保険代わりになる」の意味としては、ローンを組む時に、序章でもお伝えした団信に加入する、つまり実際に生命保険に入る行為を意味する点と、もう 1 つ別の意味があります。

　不動産投資などの収益物件は、物件そのものが月々のキャッシュを生み出しています。したがって保険に入って返済することとは別に、もし債務者に何かあった場合でも不動産自体が保険代わりになってくれる。そんな意味を持っています。

　実際の生命保険として団信を利用できることに加え、何かあっても残された方が困らないようにできることが不動産投資の強みなのです。

第 ② 章　不動産投資の圧倒的な魅力

55

✿ 不動産投資における団信の種類

　団信の種類については銀行によって取り扱いが違うので、利用者側で選べないことがほとんどです。例外的に、図2-3のオリックス銀行のようにメニューが充実しており、一般の生命保険のような3大疾病特約付きなどのプランをニーズに合わせて選べるものもありますが、多くの金融機関では選択の幅がなく、ワンパターンとなっています。

オリックス銀行ウェブサイトより　※2021年10月時点

【図2-3　オリックス銀行の団信プランの例】

✿ 住宅ローンの団信と不動産投資の団信の違い

　不動産投資、住宅ローンのどちらにも「団体信用生命保険」という商品が存在しますが、それぞれ性質が異なる点には注意が必要です。

　住宅ローンの場合、例えば夫が債務者で、妻が専業主婦の家庭の場合、夫にもしものことがあって収入が途絶えた場合は返済できなくなります。こうした時に団信で債務をなくすことで、残された家族の住

居を確保できます。

　一方、不動産投資の場合は、債務者が死亡しても残された家族はただちに事業を相続することになるので、遺族への事業承継が必要になります。単純に事業承継といっても、実際の手続きの実務は管理会社が行ないますので、一般の事業承継と比べてはるかにハードルの低い手続きで実現が可能です。

　したがって、住宅ローンにおける団信とは条件が異なるため、各社のサービス内容を比較検討したうえで、加入自体を検討してもよいところかもしれません。

　なお、本書でお伝えしているような、家賃収入に対して50～70％の返済比率の方法であれば、必ずしも団信に加入する必要はありません。その理由は物件の収入だけで返済が可能だからです。不動産投資は住宅ローンの団信とは違い、債務者に何かあったからといって、すぐに返済に困るものではありません。コストがかかる団信が本当に必要かどうかはしっかり確認、検討するとよいでしょう。また、こうした点も踏まえながら返済比率を見ることが大事だと言えます。

結論

③ 不動産投資の魅力 3 ：生命保険代わりになる

- ●ローンを組む時に加入する団信に加えて、物件自体が
  月々のキャッシュを生み出し、保険代わりになってくれる
  ことが不動産投資の強み。

- ●不動産投資は債務者が死亡した場合は遺族が事業承継する。
  このため、住宅ローンとは条件が異なる点を加味して、
  団信への加入コスト、あるいは加入そのものを検討すること。

4 不動産投資の魅力4

手間なくできる

うまい話には
ウラがあると思うけど、
「手間なくできる」
なんてことが本当にあるの？

不動産投資は……
手間なくできる

不労所得のように？？？

✿ お金で時間を買う意識を持ち、
　管理はプロに任せる

　例えば株式投資やFXなど、その他の金融投資の経験がある方はご存知かと思いますが、日々の値動きを気にしたり、経済の動向を気にしたりすることでかなりの時間を取られるはずです。読者の皆さまも、副業を意識してこの本を手に取っていただいている以上、「必要以上に時間はかけられない」とお考えの方も多いのではないでしょうか。

　不動産投資は完全な不労所得ではないため、経営者としての判断が必要になる側面がある一方で、基本的には日々の業務のほとんどを管理会社に任せることで、オーナーさんが最終判断だけすればいいという仕組みを作ることができます。つまり、本業とは別の、まさに副業

としての時間だけで実現できます。

不動産投資は「ストック型」の事業

　投資用の金融商品も含めて、あらゆる副業と比較した場合において
も不動産投資は手間のかからない「ストック型」の事業と言えます。

　一般的に、事業は売上を得るために一つひとつの取引を成立させる
必要があり、そのための手間や努力が不可欠です。いわゆる「営業」
活動が発生する事業はすべて手間がかかると言っても過言ではないで
しょう。さらに言えば、その収入も安定しているとは言えません。

　こうした「フロー型」の事業と比べると、不動産投資のような「ス
トック型」の事業は、業務を完全にアウトソーシングして一定の収入
が入ってくるわけですから、いかに手間をかけずにできるかという観
点は副収入の検討において、極めて重要です。

結論

4 　不動産投資の魅力4：手間なくできる

● 時間をお金で買う感覚を持ち、不動産の管理はプロに任せる。

● 一般的な「投資」や「フロー型の副業」は手間と時間がかかる。
「ストック型」の事業である不動産投資はアウトソーシング
することでこの点を解消できる。

● どのような事業であっても、副収入を検討する際には、
いかに手間をかけずにできるかという観点が、極めて重要。

5 | 不動産投資の魅力 5

節税に使える可能性がある

どんな条件があるの？

なんだか複雑な
イメージがあるけど……

不動産投資は……

節税効果がある

条件を満たせば可能

✿ 節税のためには条件をクリアする必要がある

　不動産投資の魅力の５つ目として、節税効果が見込める点が挙げられます。実際には、下記の条件を満たすことで効力を発揮できます。

　まず、不動産を売却する際、取得金額と売却金額の差異で発生する利益に対して譲渡所得税がかかります。所有期間が５年を超えた場合における長期譲渡においては約20％、５年未満となる短期譲渡の場合は約39％となっています。この長期譲渡の約20％の税率より高い率の所得税をローンの返済期間において支払っている方は、その期間の利益の一部を減価償却費として費用化することで、利益と相殺して計算することができ、申告時における節税が可能になります。

課税所得	税率		
	所得	住民	合計
195万円以下	5%		15%
330万円以下	10%		20%
695万円以下	20%		30%
900万円以下	23%	10%	33%
1,800万円以下	33%		43%
4,000万円以下	40%		50%
4,000万円以上	45%		55%

【図2-4　個人の所得税・住民税率一覧】

　一方、所得税率が20%以下の方に関しては、相殺せずに通常通りで所得税を支払った方が税金が安くなります。目安として、年間で約1200万円以上の収入がある方は、節税を検討するとよいでしょう（図2-4）。

減価償却費の落とし穴

　節税の話をする際、「減価償却すれば、経費で落とせてお得ですね」という話をたまに聞きますが、ここは要注意です。それはローン返済期間中に減価償却費分としてプールされた利益が、売却時に所得税の対象として乗ってくるためです。ここを忘れないようにしましょう。

　例えば、毎年500万円を減価償却したとして、単純に500万円を毎年節税できるというわけではなく、それは支払い税額が一時的に抑えられている、というところがミソです。

　したがって、出口、つまり売却時に支払う譲渡所得税を考慮して、節税の効果が発揮されることを計算して確認することが重要です。

例えば、毎年の所得税を払っているほうが割安にもかかわらず、減価償却費として計上してしまえば、最終的に約20％の税率での金額を払うことになるため、余計な税金を払うことになります。

　また、すでにお伝えしてきたように、私たちの提案は長期運用を前提としています。そういった意味でも、短期譲渡で税率が約39％になると、結局は残した利益のほとんどが持っていかれるかたちになりますので、節税の意味がなくなっていきます。年収が最高税率に到達するほどの方ならばこの短期譲渡の税率でも話が変わってきますが、そうでない方には逆効果となります。

　以上のように、減価償却費は節税の効果があるものの、対象者がかなり限定されます。しかし、今後の年収がアップしたり、不動産事業を拡大し、物件を多く持つことを視野に入れれば、知っておいて損はないと言えるでしょう。

⟡結論⟡

5　**不動産投資の魅力5：節税に使える可能性がある**

節税利益＝所得税率ー譲渡所得税率ー売買経費
となるため、節税対策によって利益が出るのかどうか、
事前に確認をしましょう。

6 不動産投資を始める方々が抱く 不安へのアドバイス

仕組みも特長も魅力も
わかったけど、

ただ、やっぱり漠然とした
不安がある……

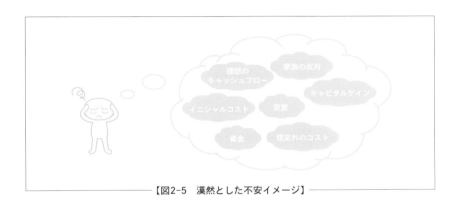

【図2-5　漠然とした不安イメージ】

　ここまで、不動産投資の魅力を改めて詳しく説明してきましたが、それでもなお「不動産投資は怖い」と、漠然とした不安を感じる人もいると思います（図2-5）。

　新築物件を購入される際、また初めて不動産投資に取り組まれた方からよく聞く不安は、以下のようなものです。

・本当に賃貸が埋まるのか、不安を感じている（おもに新築）
・想定していない諸費用がかかるのではないか

・思っていたよりキャッシュフローが出ないのではないか

・家族の反対を受けている

　これらの不安を払拭していただけるように、それぞれについて私たちの考え方をお伝えしていきます。

✿ 本当に賃貸が埋まるのか、不安を感じている
（主に新築）

　私たちのお手伝いしている物件では、建売ではなく新築、つまりまず土地を買い、建築の進捗に合わせて建築費を請求させていただくケースが多いため、家賃設定に関する質疑の中で、「賃貸の空室はどうやって埋まるのか？　設定しているレントロール（別名、家賃明細表。収益物件の部屋・区画ごとに決まる契約日・期間などの契約条件をまとめて参照できるようにした文書）で埋まるのか？　家賃をどう考えればいいのか？」ということをよく質問されます。

　弊社の経験上、市場の環境や相場に合わせた条件にした場合、新築であっても引き渡し時に満室にすることは十分可能です。仮に引き渡し時に満室にできない場合でも、引き渡し3カ月以内で満室にできています。

　中古物件を購入する場合も同じで、現況のレントロールではなく、のちのちの入居者を募集するタイミングで相場に合わせて賃料を引き直すため、賃料が上がることはほとんどありません。特に築年数が古く、前入居者が長く住んでいたような場合には、10〜20年前の相場賃料になっているため、現況の相場に引き直すと1〜2万円下がることもざらにあります。

　また、新築・中古問わず、当初のレントロールより高い賃料から賃貸募集をはじめ、徐々に相場賃料に近づけていくことで当初の想定よ

り高い賃料で貸し出せる部屋数が増え、結果、利回りを上げられるケースもあります。

　結局のところ、新築であっても中古であっても相場があり、この相場をもとに賃料を決めるのであれば、空室の問題を気にしすぎる必要はないと言えます。

❖ 想定していない諸費用がかかるのではないか

　登記費用、仲介手数料など、取得時のイニシャルコストが思ったよりかかると言われることがあります。これについては必要経費となりますが、事前にしっかり把握しているか、あるいはできていないかで、進め方だけではなく気の持ちようも変わってきます。自分で学ぶことはもちろんのこと、仲介業者の力も借りて計画を作ることで、なんとなく決める、なんとなく把握をしているという点をなくしていきましょう。

　そうして進めるうちに、「最初は手元資金をできる限り温存しておきたい」と思われる方には、例えば弊社であれば、支払いのタイミングを遅くするなどの臨機応変な提案も可能です。思うところがあれば、まずは相談してみましょう。

　また、例えば、火災保険については10年一括が最も長いプランですが、これを５年で毎年払いに変える、なども一計です。満室になったら保険料を見直し、一度解約してほかの保険に入り直せばよいのです。割高にはなりますが、払うタイミングを変えることで初年度のコストを抑えるという考え方です。

　ちなみに、修繕費などの突発的な出費が発生しない点において、中古物件よりも新築のほうがコストを把握・圧縮しやすいと言えます。

✤ 思っていたよりキャッシュフローが 得られないのではないか

　不動産投資に取り組んで間もない方からは、「どうにかランニングコストを抑えられないか？」「期待していたキャッシュフローは得られないのか？」といった相談を受けることがあります。

　不動産投資で利益を出す仕組みは、融資を受け、賃貸物件を購入し、毎月賃料収入を得て、日々利益を出し、最終的には売却することで利益が確定するものです（図2-6）。このフローが基本となりますので、ここを紐解きながらお答えしていきます。

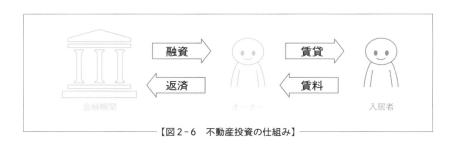

【図2-6　不動産投資の仕組み】

　まず、不動産投資の利益として挙げられるのが、日々入ってくる利益です。これは賃料による収入が中心となり、同時に不動産投資の収入はほとんどがこの部分を占めます（図2-7）。

【図2-7　賃料収入−運営経費−返済＝日々入ってくる利益】

そして不動産投資の2つ目の利益は売却した時の利益です。また、売却時に発生する利益は、不動産が値上がりした場合に限らず、売却価格と残債の差額が利益になります（図2-8）。

【図2-8　売却価格－売却諸経費－残債＝売却益】

　このように、不動産投資で利益を出す仕組みは、賃料と融資返済の差額でキャッシュフローを得て、残債と物件価格の差で売却益を得る仕組みです（図2-9）。

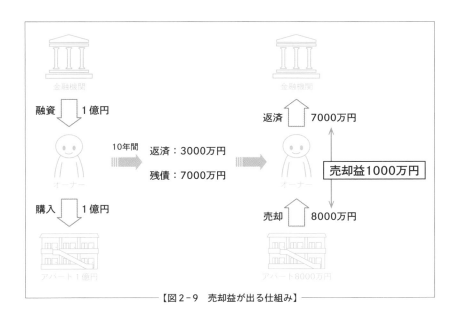

【図2-9　売却益が出る仕組み】

ただしキャピタルゲインをメインで狙うやり方を推奨するものではありませんので、あくまで副次的効果としてお考えください。

　上記を踏まえ、「月々のキャッシュフローを生み出す働き」と、「資産としての不動産が生む出口の価値」。2つの収支の総体で考えれば、キャッシュフローに過度に固執・依存する必要はないはずです。つまり、長期で考えるバランス感覚がとても重要なのです。

　例えば、ほかの金融商品と比較して、本書が提案する「月10万円からの副収入」はもちろんのこと、毎月入居者が元本の価値を代わりに返済してくれるようなものなのです。これはほかの投資にはない大きな特長であると同時に、不動産投資が事業性を持つ所以でもあります。

　こうした考え方を踏まえれば、キャッシュフローだけを見て検討するのは少々本質的ではない、と言えるのではないでしょうか。

家族の反対がある

　これには様々なケースがありますが、例えば団信で連帯保証人が必須の場合、配偶者の了承が得られずに話が進まないケースもあれば、配偶者が買わない理由を探した結果、「なんとなくネガティブなことを言っている」というケースもあります。

　いずれにしても、まずは家族の理解を得ることが最優先ですので、何が不安なのかに耳を傾ける必要があります。すると、借金の額の多さや漠然としたリスクへの恐怖などの話が出てきます。

　この不安を受け止めたうえで、「なぜ投資をしようと思っているのか。する必要があるのか」を伝えましょう。例えば、ライフプランを

考えた時、老後資金2000万円問題や子どもの学費などを理由に、ただ働いているだけでは資金不足に陥る未来が予測できる。そのために、仕事以外での副業や資産運用の必要性を感じている、などの理由があると思います。ここは人によって理由が異なる部分ではありますが、後々のことを考えれば本音で語る方がよいでしょう。その上で本書の内容や、実際に不動産や物件を見て回りながら一緒に学んでいく、あるいは身近に感じてもらう中で歩調を合わせて不安を払拭していきましょう。

　そもそも投資は豊かになるために行なうことですから、パートナーと納得した上で進めていくことがとても重要です。

　ちなみに、儲かるならその営業をする人が独占しているはず、という意見もたまに耳にします。私たちもすべての不動産を買えるならそうしたいところですが、融資を無限に受けることはできません。

　そこで、私たちは自分たちで不動産投資をしながらも、かかわることができる方々には経済的な余裕を持って豊かな人生を歩んでほしい、そういう思いで紹介をしています。

✿ 漠然とした怖さは、理解を深めて「決断する」ことが重要

　最初は誰しも、漠然とした不安を感じるものです。

「住宅ローンであればみんなやっていて、35年で給料から返せる。さらに今なら金利も安い。ここと比較すると不動産投資で5000万〜1億円という大金を素人の自分が借りて、果たして本当にうまくいくのだろうか？」という根源的な恐怖を感じると思います。例えば、「破綻したら、どうしよう」と。

　こうした漠然とした不安を払拭できるように、私たちも前述のよう

に説明を尽くしますし、できる限り応えたいという想いとともに、真摯に一つひとつの相談と向きあっています。

　ただ、それだけでは部分的な理解で終わってしまいますので、やはり自分が納得できるまで学ぶことも必要です。本書がそのハードルを越える一助となれば幸いですが、そのほかにもセミナーや動画などで学ぶこともできるかと思います。

　そしてゆくゆくは自分の決断で一歩を踏み出し、私たちと伴走しながら進むことができれば理想的ではないでしょうか。

　私たちが不動産投資をすすめる根拠はたくさんあります。しかし最終的には、未来に向けて一歩踏み出すあなたの決断が一番大切だと考えています。

★‐ **結論** ‐★

6 **不動産投資を始める方々が抱く不安へのアドバイス**

● 不安を感じるのは当然です。一つひとつの不安と丁寧に向き合い、自分で学ぶ姿勢と関係者への相談でじっくり解消していきましょう。

● 不動産投資が持つ、
「継続的なキャッシュフロー＋入居者とつくる資産価値」
という大きな特長を踏まえて、長期で考えるバランス感覚も
重視しましょう。

7 不動産投資と 一般的な投資商品の比較

世の中に投資商品は
たくさんある。

不動産投資はどういう位置づけに
あるんだろう？

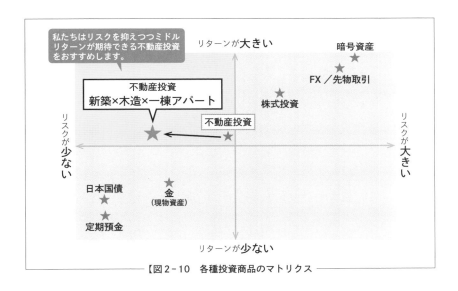

私たちはリスクを抑えつつミドル
リターンが期待できる不動産投資
をおすすめします。

リターンが**大きい**

暗号資産

FX ／先物取引

株式投資

不動産投資
新築×木造×一棟アパート

不動産投資

リスクが
少ない

リスクが
大きい

日本国債

金
(現物資産)

定期預金

リターンが**少ない**

【図2-10　各種投資商品のマトリクス

第**2**章　不動産投資の圧倒的な魅力

　図2-10を見てください。この図は、各種投資商品のリスクとリターンをマトリックスにプロットしたものです。縦軸がリターンで、上に行けば行くほど多くのリターン＝見返りが期待できます。横軸はリスクで、右に行けば行くほどリスクが高くなります。

　例えば暗号資産やFX、先物取引などは、リターンが大きいものの

リスクもとても大きい投資です。反対に預金はリスクがほとんどない
ものの、リターンもほぼないと言えるでしょう。

　このようにプロットした時、通常であれば不動産投資は、図2-10
の中央部に位置するミドルリスク・ミドルリターンになります。ただ
し、不動産の中にも様々な商品があります。

　この中で私たちがおすすめしている「新築×木造×一棟アパート」
はローリスク・ミドルリターンに位置します。それは、「コスト」「空
室」「出口」の3つのリスクを取らずに、リスクをコントロールしな
がらミドルリターンを得る、というプランを私たちが提案しているた
めです。

　ハイリスク・ハイリターンな不動産とは、投機的の高いもので、例
えば東京の湾岸沿いのタワーマンションなどが挙げられます。これら
は価格が上がる可能性もありますが、下がる可能性も同じくらいあり
ます。こうした値上がり益＝キャピタルゲインで稼ごうとするとハイ
リスク・ハイリターンになる傾向があります。

　このあたりの具体的な考え方については、おもに3〜4章で詳細に
お伝えしていきます。

⁻結論⁻

⁷ 不動産投資と一般的な投資商品の比較

- 不動産投資はミドルリスク・ミドルリターンと言われる。

- PLACが推奨する方法はローリスク・ミドルリターン。

8 不動産投資
成功のための３つのポイント

不動産投資
に正攻法はあるの？

成功する人の
共通点やセオリーは？

✿ 不動産投資で成功する人の特徴

　不動産投資で成功するためのセオリーについては、私たちがお手伝いしているお客さまの事例を参考にしてお伝えしていきます。特に成功している方々に共通していることは、全部で３つあると考えています。

①明確な目標を設定している

「不動産でなんとなく儲けたい」という意識ではなく、「50歳までに年間キャッシュフロー1000万円を達成する」といったように、到達時期と目標を具体的に定めている方は、目先のことに動揺することもなく、チャンスとなるタイミングも逃さないように思います。

②ゴール・目標達成まで長く付き合えるパートナーを選ぶ

　目標達成のために長期間支援してくれるパートナー、つまり信頼できる業者を選定することです。

往々にして、不動産会社には購入が決まった途端におつきあいが途絶えてしまうところも少なくありません。昨今はネットで評判もわかりますから、きちんと自分で下調べをして、信頼の置ける会社を見つけましょう。

　余談ではありますが、その結果、私たちを選んでいただけることがあれば、こんなに嬉しいことはありません。

③「経営者」になる

　不動産投資は事業です。したがって、事業を営む経営者マインドがとても大切です。経営者は不確定な未来に対して自分で進む道を決め、答えを出して歩いていくものです。その意味で、経営者のマインドとは、「決断をする覚悟」だと言えるでしょう。

　事業を経営する際になんとなく決断するということはありません。可能な限り情報を集め、複数のプランを検討し、決断をして前に進むはずです。入手した情報だけでは正解と確信できない場合もあります。それでも、立ち止まるわけにはいきません。

「わからないから進めない」ではなく、「わからないところもあるが、あとはやってみるしかない」と思えるかどうかは、とても大切です。

　以上、不動産投資で成功している人が持つ３つの特徴をお伝えしました。

　この３つが実現できれば、成功にぐっと近づくことでしょう。

結論

8 不動産投資　成功のための3つのポイント

成功のポイント①

> ゴール設定

『ゴール設定』とは……
「いつまでに、いくらの資産を作りたいか？」を
決めること。これが"成功者への第一歩"。

成功のポイント②

> 会社選び

ゴール／目標達成まで、
"パートナー"でいられる会社を選ぶ！

成功のポイント③

> 経営者になる

経営者とは……「決断」をする仕事。

9 不動産投資で失敗しやすい人

成功している人の特徴とは反対に、
不動産投資で失敗しやすい人は
どのような人なのだろう？

反面教師として気をつけたほうが
よいことは？

不動産投資で失敗しやすい人には傾向があります。いくつかのケースを紹介しますので、反面教師として参考にしてください。

自分で考えて決められない人

営業パーソンの言いなりで購入してしまう人が一定数います。「みんなやっていますよ」「これが普通です」のように根拠のない安心感のある言葉を鵜呑みにしてしまうのです。

また、大家さんが自分が成功した方法を話していることもありますが、成功した人と私たちの属性が同じであることは少なく、さらに始めるタイミングも異なります。目標や目的、ライフプラン、始める時期や場所などの条件が違えば、進め方もまったく異なるため、同じことをやったところで成功する保証はどこにもないのです。

先日、十年ほど前に区分マンションを買った医師の方から、「持っている物件を売りたい」という相談がありました。「節税になるから」と聞いて購入したものの、結局は節税効果もなく、物件も全然儲から

ないので売却したいと考えたのです。これは事前にシミュレーション
をして検討し、誰か詳しい人に相談しておけば見抜けたはずなのです。

　うまい話を聞いても鵜呑みにはせず、しっかり根拠を確認すること。
わからなければ、納得できるまで質問すること。そして、それは本当
だろうかと、自分の基準で考えることが大切です。

✖ 勉強しすぎて進めない人
（知りすぎて動けなくなる、リスクへの意識が先行してしまう人）

　先述のようにまったく勉強しないのはよくありませんが、かといっ
て過度に勉強しすぎても弊害があります。自分で騙されないようにあ
らゆる情報を調べ尽くし、完璧な理論武装をしたいがためにリスクば
かりにフォーカスしてしまい、百点満点を目指そうとしてしまうので
す。ですが、百点満点の物件、条件、状況を探し始めると、買えるも
のも買えなくなってしまいます。

　例えば、理想の物件が見つけられないまま決断できず、5年前なら
通ったはずの融資が通らなくなり、状況が悪化するということは実際
に起こり得ます。これは仮に、月に10万円弱のキャッシュフロー＝年
間約100万円の利益を生む物件を5年前に買っておけば約500万円儲か
ったはずが、理想とする年間キャッシュフロー200万円の案件を探し
続けたため、気づかないうちに機会損失が発生していた、という失敗
を犯す可能性があるということです。

　未来のことは誰にもわかりませんが、「もっと安くなるかもしれな
い」「もっといい物件が出るかもしれない」といつまでも待っていて
は前に進めません。また、百点満点の物件に固執するあまり、大事な
部分を見落とすこともありえることは頭の片隅に置いておきましょう。

自分で決められずに
流される……

勉強し過ぎて
決められなくなる……

安すぎるものには
ウラがある……

🍀 自分だけが得をしたいと思う

　人はみな、自分だけは得をしたい、掘り出し物が欲しいと思うものです。

　不動産市場はクローズドな世界なので、耳寄り情報があるのではと思っている方も多いのですが、実際には一般の人のところに掘り出し物の案件が回ってくることはごくごく稀です。なぜなら、そういう物件はまず、現金一括で買える人に押さえられてしまうか、あるいは不動産会社が購入してしまうからです。つまり、「掘り出し物」は市場の上流の部分でなくなってしまうのが現実です。

🍀 安いから、という理由で購入する人

　前述の通り、高い安いで判断して購入するのは得策ではありません。特に、手をつけやすそうな値ごろ感を理由に区分マンションを購入した場合、結局は買った時と同じ値段で売れないなどの理由から損をするケースが散見されます。

　やはりここでも、3つのリスクを念頭に物件をしっかり見極め、収益性、流動性なども踏まえて購入を決めるべきです。

確かに安い物件であればローンを組みやすく、20代でも買えるでしょう。しかし仕組み上、利益を出すのは難しいと言えます。

❀ 表面利回りだけで判断する人

　中古市場は利回りが高いから儲かる、新築は利回りが低いから儲からないという謳い文句がありますが、この考え方は失敗のもとです。
　投資利回りと借り入れの金利の差をイールドギャップと言います。これは投資の旨みを判断するための指標の1つで、例えば、中古の利回り10％の物件を金利3％で借りた場合と、新築の利回り8％の物件を金利1％で借りた場合を比較すると、イールドギャップはどちらも同じく7％であるにもかかわらず、なぜか「新築より中古の利回りの方が高いから儲かる」と考える人が意外に多いようです（図2-11）。
　さらに、新築と中古は同じイールドギャップであれば修繕費などのコストの関係上、中古のほうが絶対的に損をします。このように、表面利回りだけで判断するのは失敗する可能性が高いと言えます。

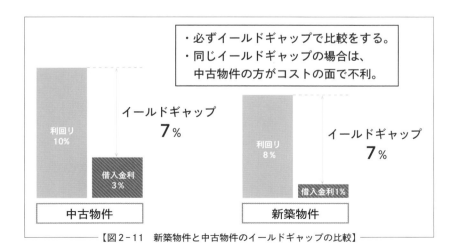

・必ずイールドギャップで比較をする。
・同じイールドギャップの場合は、
　中古物件の方がコストの面で不利。

イールドギャップ
7％

利回り
10%

借入金利
3%

中古物件

イールドギャップ
7％

利回り
8%

借入金利1%

新築物件

【図2-11　新築物件と中古物件のイールドギャップの比較】

先ほど述べた「掘り出し物はない」という話にも通じますが、利回りが高く見えるということは、結局そのように設定しないと売れないからそうなっている、ということを意味します。ですから、「表面利回りがよい」ということは、何かそこに様々なリスクが内包されていると想像した方がよいでしょう。物件が古ければ売るチャンスが減ることはもちろん、修繕コストもいくらかかるかわかりません。当然、新築と比べると入居の競争力も低いため、こうしたリスクも内包して新築よりも利回りが高くなっていると言えます。

　そのため、「利回りが高い＝儲かる」ではなく、「とても手がかかる」と思っていただいたほうが理解しやすいでしょう。

❀ 不動産投資は「不労所得」だと思っている人

　少しシビアな言い方に聞こえるかもしれませんが、「お金だけ出せば、あとは放っておけばいいんだよね」と、不動産投資を完全な不労所得だと考えている人はうまくいかない可能性が高いと言えます。「何もしないでうまくいく」ということはなく、すべてを管理会社に任せてしまえば都合よく進められてしまうこともあります。管理会社にとっては入居者が入ればよいわけですから、必要以上に入居を優先した賃料の値下げや、やらなくてもよいリフォームを提案してくるかもしれません。

　ただ、プロの管理会社が提案してくる施策について、いちいち「ちょっと待って」と言うことは前述の「勉強しすぎて進めない人」で指摘した問題と同じように感じる方もいるかもしれません。このあたりはバランスの話でもありますから、丸投げにはせず、同時に神経質になりすぎないように確認を行なう、という落としどころを見つける術を体得する必要があるでしょう。

結局、どこまで自分でやるのかは、その方次第という結論は変わらないのですが、ここでお伝えしたいのは、完全に丸投げするような姿勢はやめましょうということです。

　例えば、管理会社の判断については、最初の頃は密にコミュニケーションを取ることで根拠や内容をチェックしていく。そして、このプロセスを通じて、どういう考えでやっているのかという感触を自分でつかむ。次第に管理会社の判断の方法や基準がある程度わかるようになったら、「その方針で任せる」というやり方にしてもいいでしょう。

結論

⑨ 不動産投資で失敗しやすい人

- 自分で考え、決められない人
  ⇒うまい話を聞いたら、自分でしっかり根拠を確認する。
- 勉強しすぎて進めない人
  ⇒100点満点に固執してチャンスを逃さないようにする。
- 自分だけが得をしたい人
  ⇒掘り出し物は市場の上流でなくなってしまう。
- 値ごろ感で購入する人
  ⇒3大リスクを念頭に、収益性や流動性を踏まえて判断する。
- 利回りだけで判断する人
  ⇒ほかと比べて表面利回りがよい＝それなりの理由がある。
- 不動産投資は「不労所得」だと思っている人
  ⇒管理会社で手間は省けるが、丸投げをすれば失敗する。

第2章：不動産投資の圧倒的な魅力　まとめ

不動産投資には5つの魅力がある

①事業性があるので資金調達が可能

②賃料が安定している＝キャッシュフローが安定している

③生命保険代わりになる

④手間のかからない「ストック型」の事業

⑤節税に使える可能性がある

成功する人に共通する3つの特徴がある

①「明確な目標」を設定している

②ゴール・目標達成まで「長く付き合えるパートナー」を選ぶ

③「経営者」になる

不動産投資で失敗しやすい人を反面教師にしよう

①自分で考えて決めるようにしよう

②前に進むための勉強をしよう

③自分だけが得をするのは難しい

④高い安いは購入の理由にはならない

⑤表面利回りだけで購入の判断をしない

⑥不動産投資は不労所得ではない

3大リスクをコントロールして
ローリスク・ミドルリターンを
実現する

1 不動産投資はほかの事業と比べて 難易度が低い

不動産投資の魅力は
よくわかった。

でも、やっぱり漠然とした
怖さがあるんだよなぁ。

どう考えればいいんだろう……

❀ 経営者に求められる資質

　不動産投資は、言い換えると「不動産賃貸業という事業を始めること」だと言えます。事業と言うと「怖い」というイメージを抱く方が多いのではないかと思いますが、実は不動産投資は数ある事業の中でも最も難易度の低い事業の一つなのです。

　ほかの事業と比較してみましょう。

　世の中には様々な事業があります。自分でゼロから立ちあげて成功を目指すベンチャー企業の経営者もいれば、既に型が存在するフランチャイズで事業を始める人、副業も含め、個人事業主として少人数で独立する人など、様々な事業の経営者がいます。

　このいずれにおいても共通するのは、事業の難易度が高いという事です。ゼロから事業を立ちあげるためには、経営者としての資質・マーケティング力・営業力・商品開発力や、事業の独自性・先進性に加えて、大きな資金も必要です（図3-1）。特に、どうやって資金調達

【図3-1　事業の経営者に求められるスキルのイメージ】

を実現するかは大きな課題として付きまといます。こうした前提を踏まえれば、前述の事業はいずれも非常に難易度が高いと言えます。

　この中で、フランチャイズは事業としての型が決まっているため、何もないところから始めるビジネスに比べれば難易度は低い、と思われる方がいるかもしれません。それでも、フランチャイズとはいえ、多くの人が十分な経験を持たないところから事業を始めることになるケースが多いのではないでしょうか。さらに本部に対するロイヤリティや初期費用などに大きなお金をかけながら、その上で一般的なビジネスと同じ土俵で戦うことを考えれば、リスクも高く、それほど難易度が低いとは言えないでしょう。

　個人事業主として、過去に培ってきた自分の技術や強みを生かして独立する方法もありますが、どのような事業を始めるにしても波はあり、1人で逆境を乗り切るための強い意志と覚悟、そして能力が必要になります。

　ここではベンチャー企業経営、フランチャイズ事業経営、個人事業主の3種類しか紹介しませんでしたが、そのほかも含めて世の中の多

くの事業は、経営者としての資質・能力・経験などに加え、資金も含めた様々な高い要求が発生する＝難易度の高いものが多いでしょう。

❀ ほかの事業と比べて難易度が低い理由

では、不動産投資はどうでしょうか。

まず、資金は銀行から借り入れることができるため、資金調達の難易度が低いという点が挙げられます。

運営は、賃貸管理会社というプロに任せることが可能です。比較・検討をした上で、信頼できる管理会社を見つければ満室経営は困難ではなくなる、と言えます。

空室に関しては後述のリスクの説明でも紹介しますが、全国平均の空室率は約18％です。これは、人がほとんど住んでいないようなエリアや、まともに募集もしていないようなアパート・マンションのあるエリアまで含めた、日本全国における玉石混交の平均空室率です。空室率が約18％ということは、例えば10部屋ある一棟アパートであれば、２部屋が空室になっているということを意味します。

つまり、一定数の人口がいるエリアをきちんと選び、平均点がつけられるような一般的な賃貸管理を行なえば、空室率は18％以下で不動産の運営をすることが可能だと言えます。さらに言えば、空室率が18％以上になったとしても返済に困らないような融資を組むことで、さらに安定した経営ができるようになります。

上記をまとめると、不動産の経営者は資金を銀行からの融資で調達でき、運営は管理会社に任せることができ、経営判断としての業務は管理会社からの報告・連絡・相談に対して意思決定としてのリアクションを取るだけで経営できます。

これが、不動産賃貸業が他の事業と比べて難易度が低いという理由です。

✿ リスクをコントロールして
　ローリスクミドルリターンを目指す

　ただ、他の事業と比べて難易度が低いと言っても、勝手に低くなるということではありません。重要なのは不動産投資を始める前にリスクを把握して、コントロールすることなのです（3-2）。

　そして裏を返せば、不動産投資の強みは、このようなリスクに対して事前に対策を打てるという特長にあります。経営している間に起こりうる様々なアクションを、自分の思うようにコントロールできる「工夫の余地」がある、というところ。これが不動産投資の面白い点でもあります。

　例えばこれはリスクの話に限りませんが、所有期間や運営の方針はオーナーさん一人ひとりによってまったく異なります。「お金をかけてでも入居率が高くなるようにして、空室のリスクを回避する」とか、「できるだけお金をかけず、いかにして入居率を高くするか」。あるいは、「できるだけ時間をかけず、効率的にキャッシュフローを生み出す経営方針にする」のか、それとも「時間をかけてでも収益を最大化

87

させるような経営を目指す」のか。

　それぞれの判断は、本書のテーマに沿って言えば、"副業"として賃貸経営をしていく読者の皆さま＝経営者次第だと言えます。

　以上を前提として、この３章で皆さんに伝えたいのは、これまで経験のない"不動産賃貸業の経営者"になることが怖いと感じるのは当然かと思いますが、まったく恐れる必要はないという事です。

　どのようなリスクが存在するのか、３大リスクとは何か。そしてどうやってリスクをコントロールすればよいのかをこの章で把握して、しっかりと自分の手でリスクをコントロールして、より良い未来を目指していきましょう。

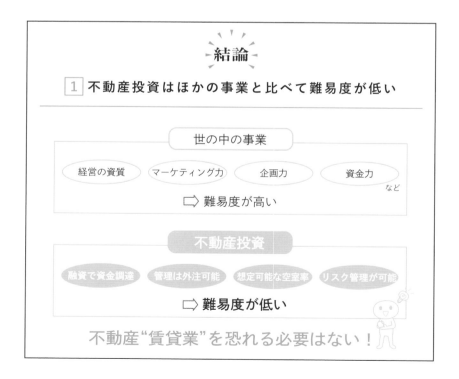

2 リスクを軽視せず、想定と対策をする

まず、どんなリスクが
あるのかを知りたいな……

　私はかつて、不動産投資を始める前は、「返済ができなくなって破綻したらどうしよう」、「どんなリスクがあるか分からなくて、不安だ」といった思いを抱えていました。また、当時はもちろんのこと、いまだにそうですが、「不動産投資　リスク」などのキーワードで調べても、なかなかしっくりくるリスクの説明や解説を本やウェブサイトで見つけることはできません。

　結果、私は少ない情報の中、見よう見まねで不動産投資に挑戦し、大小さまざまな失敗をしてきました。また、そうした過程で、うまくいっている人もうまくいっていない人もたくさん見てきました。

　ですから、これから不動産投資を始めようとしている人に同じ失敗を繰り返して欲しくないのです。実は、不動産投資のリスクは、総合的に見ればそのほとんどが収支の悪化による破綻に集約されます。そして私たちはこの章の冒頭でもお伝えしたように、リスクは存在するものの、それぞれにコントロール可能な余地があると考えています。

　私は、これから資産形成をしていくのであれば、不動産投資は必ず選ぶべき投資だと思っています。その理由はローリスクかつミドルリ

ターンで資産形成を目指すことができ、堅実かつある程度早いスピードで資金を貯めていけるからです。

　しかし、リスクを知らないで進んだことによって失敗してしまう人がいます。過去の私のように、リカバリーできるような失敗であればまだよいのですが、再起不能になってしまう失敗も当然あります。

　ですから、ぜひともここから先の内容をよく読み込むことで、今後の不動産投資を、明るい未来のための事業にしてください。そしてもし、この内容でわからないことや、掲載されていないことに関して不安なことがあれば、いつでも弊社にお問い合わせください。

◦結論◦

② リスクを軽視せず、想定と対策をする

- 不動産投資のリスクは総合的に見れば、
  そのほとんどが収支の悪化による破綻。

- ただし、すべてのリスクに
  コントロール可能な余地がある。

- 失敗してもリカバリー可能にするためにも、
  ここから先の内容はとても重要。

最も押さえておきたいリスク

一番恐ろしいリスクだからこそ、
しっかり把握して
対策を立てたい…

　皆さんが最も怖いと思っている不動産投資のリスクは、融資を受けて不動産を購入したものの、返済ができなくなって破綻してしまうことではないでしょうか。

　そこでまずは、３つのリスクを紐解く前にそもそも経営が破綻してしまうようなリスクについて、お伝えしていきます。

✤ 経営破綻のパターンを想定する

こんなはずじゃ
なかったのに……

　基本的には経営破綻が起こる確率は高くありません。理由は、極端に返済比率をあげて、入居者がほとんど入らない物件を買うなどといった極端なことをしない限り、破綻にまでは至らないことがほとんどだからです。

具体的に、経営破綻まで至るケースを挙げるとすれば、

①収入の変動が原因となるケース

本業の収入＋物件収入－毎月の返済＝マイナスになる

②支出が原因となるケース

手元の現金＋調達可能な資金－突発的なコスト（例：大規模修繕に1000万円が必要になる、など）＝収支が赤字になる

③特殊なトラブルが原因となるケース

建築会社が倒産する、リフォーム会社が夜逃げをする、等

以上の3パターンが考えられます。

まず、①の収入の変動が原因となるケースに関しては、例えば、想定収入は月50万円、返済は月25万円の融資を受けて購入し、想定している家賃収入によるキャッシュフローを月35万円とします。

この場合は入居者がすべて出てしまう、あるいは入居者が入らずに収入がゼロになってしまうと、少し極端な例ではありますが、不動産からの収入だけでは返済ができなくなります。

本業の収入ですべてまかなって返済できればよいのですが、毎月25万円の返済となると、かなり苦しい状態になることが想定できます。

さらには、仮に住宅ローンも組んでいるなどの場合にはなおさら返済ができなくなり、経営破綻してしまうことが考えられます。

この場合、一見、収入の変動が原因になっているように見えますが、そもそもの事業計画、返済計画に無理がある、ということがわかるかと思います。私たちの経験から言えば返済比率は50％程度までに抑

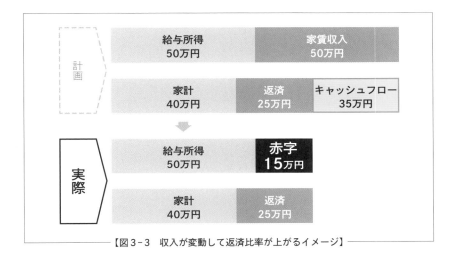

【図3-3　収入が変動して返済比率が上がるイメージ】

えることが理想的だと考えています。

　ただし、50％とはあくまで理想で、実際は60％前後になることが多いのが実態ですが、ここは意識すべきポイントと言えます。先ほどの例のように70％を超えてくると、何かあった際に他の収入源からの補填が必要になる可能性が高いでしょう（図3-3）。

　ただ、返済比率が70％を超える場合は「金利を下げる」「返済期間を伸ばす」「自己資金を多く入れる」以上のいずれかで返済比率を下げることができます。

　金利や返済期間の変更については金融機関ごとに規定があるため、基本的には交渉が難しいことから、どうしてもという場合は金融機関そのものを変えることを検討してもよいでしょう。なお、最も難易度が低いのは自己資金を入れることとなります。

　ちなみに、同じ価格や融資の額で収入が多い物件、つまり、より利回りが高い物件を購入できていれば返済比率は下がります。しかし、

高い利回り＝リスクを内包していると言えますから、過度な利回りを期待して物件を購入するのは高いリスクを孕んでいると考えましょう。

　言い換えれば、利回りが高いということは、返済比率以外のリスクが内包されている可能性が高いと見ることができるのです。

　次に②の支出面が原因となるケースですが、手元にほとんどお金を残していない状態を作ってしまうと、突発的な雨漏りなどが起きた場合、修繕しなければ賃借人が出て行ってしまう、新規で入居者が入らないといったレベルの修繕が発生する場合です。

　こちらは①のケースと比較して、絶対にありえない話ではありません。特に、中古物件を購入する際は手元の資金を潤沢にしておき、万が一のリスクに備えるなどの注意が必要です。

　最後に、③の特殊なトラブルが原因となるケースについてですが、これは発生率が非常に低いものです。

　例えば、建築途中に建設会社が倒産するトラブルを取りあげると、2020年時点での建設会社の倒産確率は約0.26％です（国土交通省　報道発表資料、帝国データバンク　全国企業倒産集計2020年報から算出）。ここを基準に考えれば、例えば建築途中で支払い済みの建設会社が夜逃げするなども含めた発生確率は、0.26％以下と考えられるため、気にする必要はないでしょう。

　以上、経営破綻のリスクを3つのパターンに分けて取り上げました。

　繰り返しになりますが、経営破綻はかなりレアなケースです。上記の通り入居がゼロになってしまうなど、基本的には極端な経営をしない限りは破綻することはまずありません。

　不動産投資の魅力・特長の一つに、一般的な事業と比べて売上のほ

とんどを占める賃料収入自体がとても安定していることはお伝えしてきた通りです。さらに、支出に関しても空室率や管理費などは予測がしやすい事業となります。

考え方としては、収入に対する返済の割合は5割から、高くても7割程度までになるようにしておき、ここより後述のさまざまなリスクも含めて無理のない事業計画、返済計画を組むことで十分回避できるリスクだと、私たちは考えています。

そのため、最低限、破綻するようなリスクを取らないように事業計画を組むようにしましょう。

⌐結論⌐

③ 最も押さえておきたいリスク

● 最も回避すべきリスクは「経営破綻」（ただし発生確率は極めて低い）

● 経営破綻に至る3パターンと対策方法
　①収入の変動が原因になるケース
　　➡返済比率を50％程度までに抑える

　②支出が原因となるケース
　　➡ 突発的な支出に対応できるようにお金を持っておく

　③特殊なトラブルが原因となるケース
　　➡ 発生確率は0.26％以下のため、気にする必要はなし。

4 1、「コスト」のリスクを
コントロールする

コストのリスク……

あとあとコストが増えるような
事態は避けたい……!!

❀ まず、出て行くコストをコントロール
することを考える

さて、ここからは３大リスクを細かく分解して、説明していきます。

ここまでの章で、不動産投資では「コスト」「空室」「出口」の３大リスクを減らしていくことが、ローリスク・ミドルリターンを実現する方法だとお伝えしてきました。いずれも大事な視点ですが、この中でもポイントとなるのは「コストのリスク」です。

不動産事業の場合、収益の内訳は月々の家賃によるキャッシュフローと売却時のキャピタルゲインになりますが、これらはそれぞれ相場による上限があらかじめ決まっているため、努力で増やせる性質のものではありません。

例えばレントロールで月100万円の収入が設定されている物件は、どう頑張っても120万円にすることはできません。また売却金額も5000万円の相場の物件を１億円で売るのは現実的ではありません。そのため、「出ていくお金をいかに抑えるか」が、自らの裁量でコントロールできる部分であり、不動産投資における極めて重要なのです。

コストのリスクを
コントロールするぞ
……！

COST

　先ほどの経営破綻リスクの②の項目で、突発的な支出が発生したケースについて少し触れましたが、基本的には不動産賃貸業は収支が安定しているため、事業計画を立てやすい事業です。

　空室率や賃料、日々かかるランニングコストなど、事業を始める前からある程度データをもとにシミュレーションをしたり、調査することで把握することが可能です。そのため、きちんと計画を立てていれば、おおむね事業計画通りに行く可能性が高いと考えています。

1-1 突発的な支出が発生した場合

　しかし、ここで困るのがやはり突発的な支出です。特に、最も大きい突発的な支出は修繕費です。

　新築から所有していれば、いつ、どの程度の修繕費が発生するのか目安がわかります。これは国土交通省が発行している「民間賃貸住宅の計画修繕ガイドブック」（次ページの図3-4）の資料が非常にわかりやすいため、参考にしてください。

　結論としては、この修繕に関するリスクをできる限り除外するのであれば、新築を購入し、この費用を参考に事業計画を組みあげることで早い段階からリスクコントロールが可能になります。

例えば、木造10戸（1K）では、次のようなイメージになります。

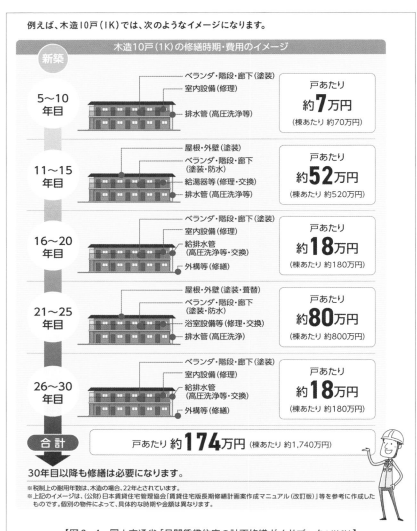

木造10戸（1K）の修繕時期・費用のイメージ

新築

5〜10年目
- ベランダ・階段・廊下（塗装）
- 室内設備（修理）
- 排水管（高圧洗浄等）

戸あたり
約**7**万円
（棟あたり 約70万円）

11〜15年目
- 屋根・外壁（塗装）
- ベランダ・階段・廊下（塗装・防水）
- 給湯器等（修理・交換）
- 排水管（高圧洗浄等）

戸あたり
約**52**万円
（棟あたり 約520万円）

16〜20年目
- ベランダ・階段・廊下（塗装）
- 室内設備（修理）
- 給排水管（高圧洗浄等・交換）
- 外構等（修繕）

戸あたり
約**18**万円
（棟あたり 約180万円）

21〜25年目
- 屋根・外壁（塗装・葺替）
- ベランダ・階段・廊下（塗装・防水）
- 浴室設備等（修理・交換）
- 排水管（高圧洗浄）

戸あたり
約**80**万円
（棟あたり 約800万円）

26〜30年目
- ベランダ・階段・廊下（塗装）
- 室内設備（修理）
- 給排水管（高圧洗浄等・交換）
- 外構等（修繕）

戸あたり
約**18**万円
（棟あたり 約180万円）

合計
戸あたり 約**174**万円（棟あたり 約1,740万円）

30年目以降も修繕は必要になります。

※税制上の耐用年数は、木造の場合、22年とされています。
※上記のイメージは、（公財）日本賃貸住宅管理協会「賃貸住宅版長期修繕計画案作成マニュアル（改訂版）」等を参考に作成したものです。個別の物件によって、具体的な時期や金額は異なります。

【図3-4　国土交通省「民間賃貸住宅の計画修繕ガイドブック」(抜粋)】

一方、怖いのは中古で物件を購入する時です。

　中古物件を購入する場合、建物の状態がどうなっているのか、あるいはこれからどの程度の修繕費がかかるか、といったことが事前の段階では明確に読み切れません。可能性の話ではありますが、購入直後に水道管から水漏れが起こったり、雨漏りしたりすることが考えられます。

　なぜ中古物件では明確に修繕費が読み切れないかというと、前のオーナーさんがどのような修繕を行なったかが細かく残っていないケースがあるためです。

　もし前のオーナーさんが売却を前提に考えていた場合、建物の維持に必要な大規模修繕（屋根の防水や壁の塗りなおし等）を行なっていないことも多いと想定できます。ご自身が前のオーナーさんの立場であれば、イメージしやすいのではないでしょうか。

　これが実際に起こった場合、購入直後に大きな修繕の必要に迫られ、数百万円の費用が発生する可能性は十分にあります。

　これでは序盤から収支が悪化し、そのために必要な修繕ができず、建物が傷み、入居がつかなくなり、最悪の場合は経営破綻という可能性も出てきてしまいます。そのため、中古を購入するのであれば、あらかじめ大きな修繕費を見積もって準備しておくか、大規模修繕が済んでいることを確認できる物件を買うようにしましょう。

　以上を踏まえ、修繕リスクを小さくして損益をコントロール可能な状態を作るためにも、新築物件の購入をおすすめします。

✤ 1-2 金利上昇リスク

　変動金利や、３年や５年等の期間を区切られた固定金利で融資を受けた場合、金利が上昇してしまうことにより、融資における金利の支払額が増加するコストのリスクについてご説明します。

　金利は景気が良い時期は高く、景気が悪い時期は低くなる傾向にあります。
　図の通り、いわゆるバブルの時期は金利が高く、それ以降はずっと低金利を維持しています。
　今後、もちろん金利が上がる可能性は十分にありますが、その場合は世の中の景気が良くなり、高い金利を支払っても利益が出やすい状態ということになります。
　もちろん景気と金利が100％連動するわけではないものの、基本的

出典：一般財団法人 住宅金融普及協会のウェブサイト

【図3-5　金利の推移 (1984—2018)】

には連動していることや、先行きは誰にも読めないことを踏まえれば、金利上昇はリスクとしてそれほど気にする必要はない部分だと考えています。

1-3 保険でカバーするリスクと コストの考え方

ここからは「●●が起きるリスクを"保険"というコストをかけてカバーする」という観点で対策をお伝えしていきます。当然ながら下記のいずれも、保険をかけなければ大きな被害に繋がりかねないリスクを孕んでいるケースとなります。

ただ、その発生する確率などはケースバイケースですので、ご自身の不動産投資という経営をいかに安定したものにするか、あるいは必要経費として割り切るか、もしくは「いや、ここまでする必要はないだろう」と考えるのかは一人ひとりの価値基準によって変わってくる部分です。

そこで、この内容を読むことで、「自分ならこうする」といったイメージに繋げながら参考にしてもらえればと思います。

事故物件化によって物件価値が下がる

まずはじめにお伝えしておくと、事故物件になる確率はかなり低いと言えます。そのため、気になる方や保有室数が多い方は保険に加入してもよいでしょう。

ここでは事故物件になる確率を厚生労働省：令和元年（2019）人口動態統計（確定数）の概況（人口、自殺・他殺）に基づいて計算してみましょう。

1．自殺確率

19,425人（自殺者）÷123,731,176人（総人口）＝約0.0157％

※厚生労働省：令和元年（2019）人口動態統計（確定数）の概況（人口、自殺・他殺）

2．他殺確率

299人（他殺者）÷123,731,176人（総人口）＝約0.0002％

※厚生労働省：令和元年（2019）人口動態統計（確定数）の概況（人口、自殺・他殺）

3．一部屋で発生する確率

賃貸比率は38.8％（持ち家比率＝61.2％）

※総務省：平成30年版高齢社会白書（全体版）

①一部屋当たりの自殺確率：0.0157％×38.8％＝約0.0061％

②一部屋当たりの他殺確率：0.0002％×38.8％＝約0.00007％

③一部屋当たりで発生する自殺と他殺の合計確率：

①＋②＝約0.00617％

　以上を踏まえてもう少し試算を続けると、1棟10部屋のオーナーさんの場合、1年間にどこかの部屋で事故が発生する確率は約0.0617％となります。この1棟10部屋の物件を10年間保有すれば0.617％、30年間保有すれば1.85％となります。

　長期で見ると少しずつ現実的な数字になっていくこの数値を、高い確率とみるか、低い確率とみるかは人それぞれではないでしょうか。10〜15年で売却を考えている方であれば、「問題ないレベルだな」と思われる方もいるでしょうし、一方で保有室数が多い人であれば確率が高くなりますから、「少し検討したほうがよさそうだな」と感じる方もいるでしょう。

さて、ここからは具体的な対策についてですが、事故物件リスクを軽減するための保険は２パターンあります。

保険には「入居者が加入するもの」と「オーナーさんが加入するもの」の２つがあります。

入居者の死亡事故に備えた費用補償

まず、入居者が加入する保険についてですが、当社で利用しているイオンの家財保険では以下のようになっています（図3-6）。

修理費用：被保険者または配偶者等の死亡により借用住宅に損害が生じた場合で、賃貸借契約等に基づき、被保険者または配偶者の費用で修理をされた場合に、50万円を限度として実額をお支払いします。

遺品整理費用：被保険者または配偶者等が死亡したことにより、そ

【図3-6　イオン少額短期保険ウェブサイト内「イオンの家財保険」より抜粋】

の死亡した者に代わって遺品整理を行なうべきものが遺品整理のための費用を支出した場合に、50万円を限度とし遺品整理費用保険金をお支払いします。

　つまり、この保険は入居者に加入してもらい、その被保険者が亡くなった際の遺品整理や部屋を賃貸に出せるようにするための修理費用などを補償でまかなうもので、自殺や孤独死などの場合であれば、この保険でカバーすることが可能です。
　また、連帯保証人や家族がいる場合は事故物件になったことによる逸失利益を請求することもできます。

　一方で、オーナーさん側が加入する保険の場合、例えば図3-7の

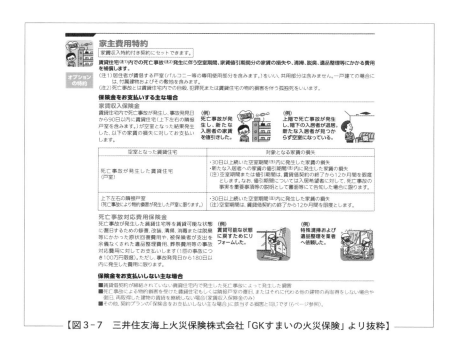

【図3-7　三井住友海上火災保険株式会社「GKすまいの火災保険」より抜粋】

ように三井住友海上火災保険株式会社の火災保険のオプション契約などがあります。

　他殺などの犯罪死の場合も補償されるため、入居者の家財保険にプラスしてこちらも加入してリスク対策を強化することによって、事故物件になったとしても被害を最小限にすることも可能です。

　ただし、そもそも事故物件リスクはそれほど高くないですし、事故が起こったとしても保険への加入で被害額を抑えることができるという考え方をするならば、保険に加入することで万全の態勢を整えることができるとも言えるでしょう。

火災や地震、台風、洪水などの災害で物件価値が下がる

　次ページの図3−8は火災保険に加えて地震保険にも加入することで、被害を最小限に抑えることができます。

　こちらは先ほどの事故物件リスクの際の保険に同じく三井住友海上の火災保険ですが、どこの火災保険でも保証内容は大きくは変わりません。

　このように、保険に加入することで災害リスクはほぼカバーできます。特に、賃貸経営をしていく上では火災保険は必須と言えますので、必ず加入することをおすすめいたします。

　なお、少し話がそれますが、これらの保険には賃貸経営をしていく中で起こりうる様々なトラブルや、訴訟を起こされるリスクをカバーできるオプションがあります。

　裁判になる、ならないを問わず、弁護士に相談したり、動いてもらったりすれば簡単に数十万円のコストが発生します。

【図3-8 三井住友海上火災保険株式会社「GKすまいの火災保険」より抜粋】

　訴訟リスクを減らすためには弁護士費用が保証される保険や管理会社を利用するのがよいでしょう。

　PLACでは弁護士報酬が無料の賃貸管理も行なっていますので、興味がある人はお問い合わせください。

家賃の滞納が発生するリスク

　家賃を滞納して回収できなかったり、回収に時間や手間がかかってしまうリスクについてですが、この家賃滞納リスクは図3-9のような保証会社を利用することで、リスクをかなり小さくすることができます。また、保証料は基本的に入居者が負担するものですので、利用

106

【図3-9 「エポスカードの家賃保証」ウェブサイトより抜粋】

しない手はないでしょう。

　なお、保証会社を利用しない場合は連帯保証人をつけることで、家賃滞納が発生した際に請求することができます。ただ、時間も手間もかかり、回収できるかどうかの保証もないため、私たちとしてはあまりおすすめしていません。

　ここは保証会社を100％利用して、家賃滞納リスクを少なくしていきましょう。

✿ 手抜き工事のリスク

　上場企業でも、工事における手抜きが発覚して大きなニュースになることがありますが、手抜き工事のリスクというものはどうしてもあります。ただ、基本的には築10年以内を対象として、100％瑕疵保険という保険には加入しているはずです。

　ここを強化する形で手抜き工事のリスクをさらに減らすには、まずは新築、あるいは新築から10年以内の物件を購入するか、コストをかけて専門家による建物診断＝インスペクションを行ない、現況に問題がないことを確認するとよいでしょう。

結論

4 1、「コスト」のリスクをコントロールする

● コスト＝悪ではない。
シミュレーションと調査で見えてくる様々なリスクに対して、
「必要経費として、どのようにコストをかけるべきか？」
という視点で一つひとつ吟味しよう！

● そして自分が望むリスクコントロールを
手に入れるためにコストをかけよう。

RISK A　　RISK B　　RISK C
30%　　　✕　　　10%

RISK CONTROLE

RISK D　　RISK E　　RISK F
✕　　　20%　　　✕

2、「空室」のリスクを
コントロールする

シミュレーションで試算した
キャッシュフローのことを考えても
長期的に空室は出ないように
したいところだけど……？

　さて、次は「空室のリスクについて触れていきます。これはその名の通り、空室が生まれてしまうリスクで、皆さんも真っ先に思いつくリスクの一つではないでしょうか。

　3章の冒頭でも触れましたが、2018年の統計局の情報によれば、全国平均の空室率は18.5％です（図3-10）。

	賃貸住宅 （空き家）	賃貸住宅 （居住中）	賃貸住宅総数	賃貸住宅 空室率
1998年	3,519,700	16,729,900	20,249,600	**17.4%**
2003年	3,675,100	17,165,800	20,840,900	**17.6%**
2008年	4,126,800	17,769,600	21,896,400	**18.8%**
2013年	4,292,000	18,519,100	22,811,100	**18.8%**
2018年	4,323,000	19,065,000	23,388,000	**18.5%**

出典：総務省統計局『平成30年住宅・土地統計調査特別集計』

【図3-10　賃貸住宅の全国平均空室率】

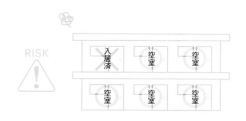

　全国平均は18.5％ですが、これは築50年の物件だったり、駅から徒歩１時間の物件だったり、そもそも賃貸募集を真面目にやっていないような現実的に選ばれにくくなっている底辺の物件までも含めた平均の数字です。

　裏を返せば、現実的に賃貸需要のあるエリアの物件を購入し、一般的なレベルの賃貸管理を行なえば、悪くても18.5％以上の空室率にはならないと考えてよいでしょう。

　また、2021年７月15日時点でのHOME'Sの全国賃貸用住宅の空室率一覧によると、一番低い沖縄県で11.7％、一番高い福井県で30.1％となっています。保有する物件の空室率を下げたい場合は、単純に言えば空室率の低い都道府県で購入しましょう。

　なお、これは都道府県単位の指標のため、当然ながら、その都道府県の中でも空室率の高いエリア／低いエリアがあります。実際には、その都道府県の中で、さらにどこで買えばよいかを見ていく必要があるでしょう。

　その上で、駅の大きさ、駅からの距離、間取り、築年数などの観点で工夫することで空室率を５％以下にすることは、現実的には可能です。参考までに、実際に私たちが管理している物件の空室率は、そのほとんどが２％以下をキープしています。

空室数や空室期間が増えれば、利益が減ってしまうだけではなく、融資の返済に困り、破綻する可能性もあります。ただし、実際のところ、不動産賃貸業は特別なことをする必要はなく、セオリー通りの行動をとることで空室リスクを少なくすることができます。

空室のリスクを分解する

空室が発生する原因を細かく見ていくと、物件のハード面とソフト面に分けられます。

ハード面は人がいないエリア、立地が悪い、設備が古い、間取りが良くないなど「形のあるもの」が理由となって入居者が入らないというものを指します。一方、ソフト面は賃料が割高、募集が広い範囲でかけられていないなどといった「無形の要素」を指します。

この2つの観点から、どうすれば空室を減らし、満室経営ができるのかを解説していきます。

ハード面の対策

ハード面で一番注意すべきことは、購入後に変えられない部分、すなわち人がいなかったり減っていたりするエリアでは物件を絶対に買わない、ということです。

例えば、それは駅から徒歩30分で駐車場のないワンルームアパートや、都道府県全体では人口が多かったとしても実際には需要がない物件などのことです。

また、すでに土地を持っていてアパートを建築しようとしている場合、本当にそのエリアに賃貸需要があるのかどうかはしっかりと確認しておきましょう。

　なお、購入後でも変更可能な設備は、場合によっては変更してもよいかもしれません。例えば、最近ではインターネット無料で募集している賃貸が多いため、現状、インターネット設備がない物件で入居がつかないというケースがある場合、導入を検討してみるとよいでしょう。
　一例としてインターネットの設備を取り上げましたが、そのほかに関しても考え方は同じです。マーケットを見渡して、必須の間取りや設備が自分の物件にはない、という場合は可能な限り充実させることで空室のリスクを減らすことができるでしょう。
　また、こうした改善によって物件価値が上がるのであれば、賃料の値上げを検討することもできます。ちなみに、故障を直すなど、付加価値にあたらない部分の改善は、基本的には賃料の値上げに結びつきません。

　このあたりは時代やトレンドによっても変わってくる部分ですので、その時々に合わせて費用対効果まで含め、しっかり確認した上で進めることをおすすめします。

✕ ソフト面の対策

　ソフト面では「賃料設定」と「募集の仕方」が重要です。とりわけ、賃料設定はかなり重要です。

古参のオーナーさんに多いのですが、立場が強かった昔の時代を忘れられず、賃料の値下げや敷金礼金のゼロ設定に強い抵抗を覚える人がいます。これではほかの物件と比較された結果、入居者がつかなくなるというのも当然です。いまはインターネットで一般の人が賃貸の相場が分かる時代ですから、そうした意味でもなおさら顕著な傾向が出ます。

　想定した賃料で入居がつかず、賃料を下げれば収支が悪化し、こうした悪循環によって下手をすれば返済に困る事態が起こる可能性があります。

　この対策として、本当に売主側が想定している賃料で入居者がつくのかを賃料査定しましょう。実は賃料査定は自分でできるのです。SUUMOなどの賃貸ポータルサイトで、その物件と似た条件で検索して比較しましょう。

　ここで気をつけたいのは、相場は平均値ではなく一番安い賃料帯ということです。相場と言われると平均値を基準に考えがちですが、実際に賃貸を探す時には似た条件の中で一番安い物件から見ていくことになるのは、立場を置き換えて考えればわかると思います。

　なお、プロの賃料査定を受けたい場合はPLACでも行なっています。あるいは近隣の賃貸仲介会社に問いあわせて相談してみるのもよいでしょう。

　このように間取り・駅距離等の条件から相場の家賃を算出し、相場の家賃で募集することで空室リスクを最小限にすることができます。

　なお、人がいるエリアであれば、相場賃料にしても入らないということは基本的には考えられません。その場合は、募集の仕方に問題のある可能性があります。

　例えば、物件の最寄り駅にある老舗の不動産会社に、「地元に強そ

うだから」というような理由で募集を任せる場合は特に危険です。

　不動産会社は、オーナーさんと入居者の両方から手数料をとりたいため、自社のお客様にしか物件を紹介していない可能性もありますから、広く募集してくれる賃貸仲介会社を見つけ、依頼することが重要です。

結論

5 ２、「空室」のリスクをコントロールする

● 日本全国の空室平均率は18.5%なので、
　都市部のような優位性のあるエリアで、
　一般的なレベルの賃貸管理をすれば、
　基本的には18.5%以上の空室率にはならない。

● PLACのオーナーさんは、ほとんどが空室率２％以下。

● ハードとソフトの２つの側面から対策を立てて、
　空室リスクを回避しよう。

6 3、「出口」のリスクを
コントロールする

いざという時に売れない、
ということはないように
したいけど……

　出口リスクとは売りたい時に売れないリスクのことです。

　計画通りに売却する際に限らず、毎年の収支が赤字になったり、ライフイベントで資金が必要になって売却が必要になる場合もあります。こうした時に売れなければ、必要な資金をほかで手当てしなければならなくなり、最悪、破綻してしまう可能性もあります。

　株式など、ほかの投資と比べて、不動産投資のデメリットとして流動性の低さが挙げられます。それはどういうことかと言うと、不動産投資をする人の多くは融資を受けて物件を購入します。ですから融資が出る物件であれば売却ができると判断できます。

　これは裏を返せば、融資が出ない物件は売却に非常に苦労するということです。

　融資が出ない理由としては以下の3点が挙げられます。

①築年数が古く、融資期間が短い

　融資期間はほとんどの場合、築年数に依存します。融資期間が短ければ日々の返済額があがり、現実的には払えないローンになってしまいます。

第**3**章

3大リスクをコントロールしてローリスク・ミドルリターンを実現する

115

ただ、2000〜3000万円程度までの物件であれば現金で一括購入する人もいるため、小さめの物件の場合は築古でも売れる可能性はあります。

②高価格すぎて購入できる人が少ない

　1億円以上の物件の場合、年収1000万円以上の人でなければ購入が難しくなります。そのため、1億円未満の物件になると購入対象者が比較的多くなることから考えれば、融資が出やすい＝融資を組める人が多い物件となります。

　これが2億円以上になってくると最低年収2000万円クラスの人から、3億円になれば最低年収3000万円クラスの人となっていき、購入できる人の数が限られることから流動性が下がり、出口のリスクは増していきます。

　国税庁が発表した「令和元年分民間給与実態統計調査」の統計によれば、調査対象となった労働者約5255万人中、給与年収が1000〜1500万円の方は185万人程度となります。割合に換算すると約3.5％の方々です。

　また、給与年収が1500〜2000万円の方は43万人程度となり、こちらは約0.8％です。

　もちろん良い物件であればあるほど買い手はつきますが、価格が高すぎる物件はリスクもあがるため、資金がある場合は1億円前後までの物件を複数買ってリスクを分散させるとよいでしょう。

③地方の物件で融資してくれる金融機関の数が少ない

　出口リスクを考える上で一番避けたいのは地方の物件です。

　私たち不動産のプロと一般の方との意識の違いで大きいのは、「銀

行はどこの物件でも融資してくれる」と思っているところです。しかし、基本的に金融機関は本支店のエリア内の物件と顧客しか取り扱いません。

　例えば東京の信用金庫は東京都の顧客と東京都の物件に融資をしますが、北海道の顧客に東京都の物件、あるいは東京都の顧客に沖縄県の物件など、どちらかがエリア外の場合は取り扱いができないことがほとんどです。

　理由としては、何かあった時に会いに行けない、見に行けないようなエリアでは、貸し手側が安心して融資できないからです。ここを踏まえて地方の物件を探すとなった時、融資可能エリアにある金融機関がそもそも２〜３個しかない、といったことも大いにあり得ます。その金融機関が不動産投資に慣れていればよいのですが、投資用不動産の融資を得意としていない金融機関も数多く存在するため、注意が必要です。

　また、検討して結果、使用できる金融機関がない場合は、現金購入ができるような資産家しか購入できない物件になってしまうため出口のリスクが高くなります。

　もちろん地方だからと言って売れないわけではありませんが、基本的に出口の難易度が高いため、特に初心者のうちはできるだけ都市部での購入をおすすめします。

　物件購入前に、「次に買う人が融資を受けやすい物件かどうか」を必ず意識し、確認した上で購入するようにしましょう。

✿ 3-1 不動産の値下がりによる出口リスク

　建物は基本的には経年劣化で値下がりしていきます。その結果、購入価格＞売却価格となることがほとんどです。しかし、自宅などで住宅ローンで買った土地が値下がりすると損に感じる気持ちはわかりますが、不動産投資ではここの考え方が少し違うのです。

　なぜならば、不動産投資の返済は基本的には入居者からの賃料収入があてられます（図3-11）。

　そのため、元本返済分がそのままオーナーさんの資産となり、売却価格＞残債となれば損はしないのです。ここを狙っていくことが重要です。

　まずはここまでの点を理解した上で、対策は2つあります。
　・経年での値下がりはあらかじめ事業計画に組み込む
　・売却で損をする場合は保有し続けて、キャッシュフローで利益が
　　出せる物件を購入する
　それぞれ解説していきます。

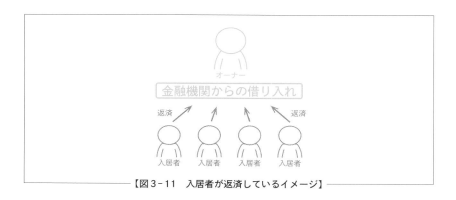

【図3-11　入居者が返済しているイメージ】

3-2 経年劣化による値下がりは事前に事業計画に組み込む

特殊な事情で値上がりする以外は、基本的には耐用年数に向けての経年変化によって建物価格は下がっていきます（図3-12）。

鉄骨造（厚さ3mm以下）	19年
木造	22年
鉄骨造（厚さ3mm超4mm以下）	27年
鉄骨造（厚さ4mm超）	34年
鉄筋コンクリート造RC	47年

出典：国税庁　耐用年数（建物・建物附属設備）

【図3-12　構造別耐用年数】

投資用不動産の場合、建物の劣化も一つの要素ですが、賃料の下落も物件価格を下げる大きな要因です。おおむね年1％は賃料が落ち、その年間収益と相場の利回りで物件価格が決まります。

ここで実際に自己資金1000万円、フルローンで新築一棟アパート投資を始め、10年間運用し、賃料が下落した後の出口＝売却について考えてみましょう。ここでは千葉県の9500万円の新築アパート、利回り9％、満室想定年収855万円の設定でシミュレーションします。

物件の満室想定収益は855万円ですので、ここから空室率、年間コスト、ローン返済金額を差し引きます。

まず空室率ですが、常に満室が望ましいものの、人の出入りというものは必ずあります。とはいえ新築は空室率が低いことを加味して、目安として５％と仮定します。

　次に、年間にかかる経費として、管理諸経費とローンの返済が発生します。管理諸経費には、〈賃貸管理費＝5.5％〉、〈修繕積立金＝２％〉、〈清掃費＝年間12万円〉、〈インターネット無料＝年間12万円〉、〈固都税＝年間36万円〉の経費がかかります。

　ここまでの管理諸経費と空室率５％の合計が約166.8万円の試算となります。

　一方、ローンは金利2.3％、35年で組んでいますので、計算すると年間返済額は395.4万円になります。

　これらの金額を満室想定賃料から差し引くと、

　満室想定収益855万円－（空室＋管理諸経費166.8万円）－ローン返済395.4万円＝292.8万円

　つまり年間約292.8万円の収益が得られます（図３-13）。

　そしてこの物件を10年所有すれば、2928万円の利益が出せるという試算が成り立ちます。

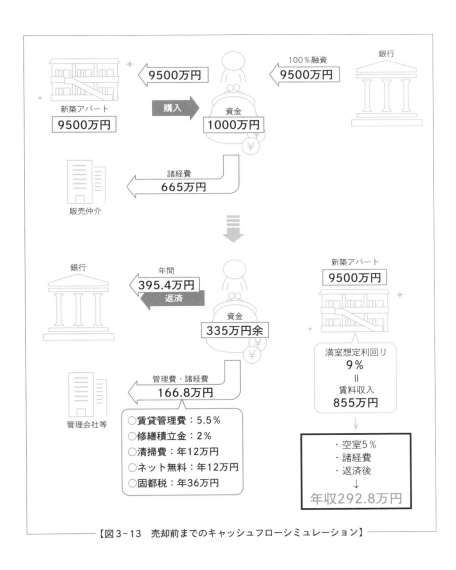

【図3-13 売却前までのキャッシュフローシミュレーション】

さて、ここに賃料下落後の売却も加味して考えてみます。

新築物件価格9500万円、利回り9％で購入した物件を利回り9.5％に設定し直し、賃料収入−10％（年収769.5万円）で考えて、年収769.5万円を利回り9.5％で割り戻すと、販売価格は8100万円程度が妥当となります。

この時、ローンは7494万円残っていますが、8100万円で売却できるとすると、諸経費を引いても売上金額は254.2万円になります（図3-14）。

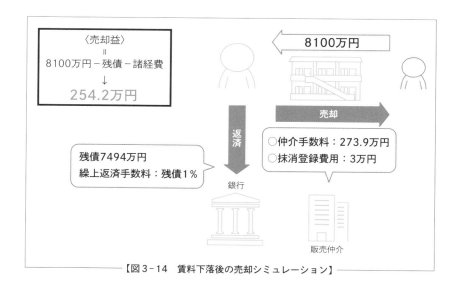

【図3-14　賃料下落後の売却シミュレーション】

このように、経年での値下がりを考慮に入れたシミュレーション事前に組むことで、売却損を防ぐことが可能です。これらはシミュレーションや事業計画の段階で試算によって見通しを立てる部分の話ですから、その重要性がいかに大事か、伝わったのではないでしょうか。

3-3 キャッシュフローでしっかり利益が出せる物件を購入する

不動産投資で面白い点の一つに、物件価格が下がった時に、売却したら赤字になる場合は売らなくてもよい、という特徴があります。

もちろん、今後も継続的に損をする、あるいは悪化する可能性が高い場合は、損切りする必要があります。ですが、キャッシュフローが出ているのであれば焦って売却する必要はなく、売却価格が残債を上回るまで返済を続ければまったく問題がないのです。逆に、キャピタルゲインが出るようであれば、いつでも売却できます。

とはいえ、高金利、物件価格以上の融資を受けるといった無茶な買い方を避け、短期売買に重きを置かない物件を購入していれば、よほどのことがない限りはキャピタルゲインがマイナスになることはないと考えてください。長期で見て、返済が進めば進むほど元本が減り、物件価格が半額程度になったとしても利益が出せるからです。

つまり、キャッシュフローがプラスになる物件を買って、長期保有できるようにすることが重要です。この意味でも、不動産投資は長期的な視野で取り組むことが重要だと言えるでしょう（図3-15）。

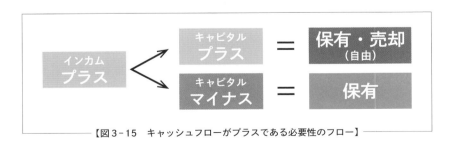

【図3-15 キャッシュフローがプラスである必要性のフロー】

結論

6 3、「出口」のリスクをコントロールする

- 「出口のリスク」とは売りたい時に売れないリスク
  - ➡注意すべきは下記3つに該当する流動性の低い物件
    - ①築年数が古く、融資期間が短い
    - ②高価格すぎて、購入できる人が少ない
    - ③地方の物件で融資してくれる金融機関の数が少ない

- 入居者からの賃料収入で不動産の返済を進めていき、
  経年劣化で値下がりしても【売却価格＞残債】
  となる物件を狙う。

  （つまり、値下がりは事前の段階で計画に織り込む）

- 物件価格が下がり、売却すれば赤字になりそうなら、
  無理に売る必要はない。
  - ➡キャッシュフローがあれば売却の必要はなく、
    売却価格が残債を上回るまで返済を続ければよい。
    （＝キャッシュフローを生む物件の購入が最重要）

第3章：3大リスクをコントロールして ローリスク・ミドルリターンを実現する　まとめ

● 不動産"賃貸業"は世の中の事業経営と比べて
　難易度が低いため、**恐れる必要はない。**

● **すべてのリスクはコントロール可能。**

● 最も回避すべきリスクは「経営破綻」だが、**発生確率は極めて低い。**

● **3大リスクをコントロールして前向きな不動産投資を始めよう！**

　①「コスト」のリスク
　　　コストはリスクをコントロールするための投資と考えて、
　　　かけるべき対象にコストをかける。

　②「空室」のリスク
　　　ハードとソフトの2つの側面から対策を立てる。

　③「出口」のリスク
　　　流動性の低い物件ではなく、必ずキャッシュ
　　　フローを生む物件から始める。また、値下がり
　　　しても長期で見れば【売却価格＞残債】となる
　　　物件を購入する。

第 **4** 章

副業するなら 新築×木造×一棟アパートから 始めよう

1 初心者はどんな物件を選ぶべきか

「新築×木造×一棟アパート」の
不動産投資……

そろそろ、その具体的な方法を
知りたいなぁ

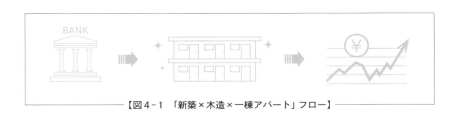

【図4-1 「新築×木造×一棟アパート」フロー】

　繰り返しになりますが、まだ不動産投資を始めたばかりで右も左も
わからない、という初心者の方が最初に買うべき物件として、首都圏
の都心から電車で1時間程度の場所で「新築×木造×一棟アパート」
を強くおすすめします（図4-1）。ここを前提として本章では、「事業
としての不動産投資」をさらに成功に近づける具体的な方法に踏み込
んでいきます。

　と、その前に。ここまでは新築の話を中心にお伝えしてきました。
そこで、ここではPLACの立場だからこそお伝えできる、中古物件の
注意点に関するお話から始めていきたいと思います。新築とは異なる
属性を持つ中古物件に関する理解も深めることで、実際に不動産会社
や物件を絞り込む際の具体的な指針になれば幸いです。

✿ 低価格にはそれなりの理由がある

　近年、古い物件を低価格で入手し、自分でリノベーションして利益を出す、という方法をよく見かけるようになりました。価格が低いことから一見、取り組みやすいように感じられます。本書を手に取っていただいた方の中にも、「実は気になっていた」という方がいるかもしれません。ですが、この方法にはからくりがあります。

　この方法で利益が出ている理由は、単純に "人件費がゼロになっているから" なのです。一体どういうこと？　と思われると思いますが理由はシンプルで、施工業者や管理業者の費用をかけず、自分の労力で賄うことによって安く済ませる方法なのです。

　つまりそれはDIYを行なうということですから、知識や技術が求められます。プロの施工業者と比較しても、同じレベルで仕上げるのは難しいのではないでしょうか。例えば壁紙が少しでもよれていたりすれば、なかなかその部屋を借りてくれない可能性もあります。そうした意味でも、自分でこなすのは非常にハードルが高いことから、この方法はあまり初心者におすすめできるやり方ではないと言えます。

　また、本書のテーマでもある「副業としての不動産投資」を考えれば、多くの時間を割いてDIYに勤しむ方法は、皆さんが求めているものとは違うのではないでしょうか。

✿ 中古物件は修繕のリスクがある

　リノベーションをしないとしても、その対象となるような古い物件は建物の法定耐用年数を過ぎていることが多く、手を入れないままでは資産価値がほとんど残っていない物件が多くあります。

また、仮に法定耐用年数を過ぎていなくとも、中古物件の場合に必ず発生するのが修繕費です。例えば屋根の防水・壁・鉄部の塗装などの大規模修繕には数百万円の費用が発生します。この数百万円が購入直後にかかる、という事態だけは避けたいところです。

古い物件はローンの条件が悪く、利益を出しにくい

　古い物件の場合はローンを長く組むことができないか、組めたとしても高金利が条件となる銀行に限られてしまいます。

　例えば、新築木造の一棟アパートなら1％を切るような金利で30〜35年のローンが組める可能性もありますが、中古木造の築30年くらいの一棟アパートになると、およそ20年から長くても25年という短期のローンに限られ、金利も3％程度からといった厳しい条件になってきます（図4-2）。

　この場合、返済と月々の収支であるキャッシュフローとのバランスに影響することで、日々の支払いが厳しくなってきます。それでも頑張って手に入れて運営したとしても、最終的に手元に残るお金は、新築のほうが多いか、良くて同じ程度になることが多いでしょう。

物件種別	新築・利回り8%	築30年・利回り10％
金利	1.2%	3.9%
融資期間	30年	25年
融資割合	100%	80%
物件価格	5,000万円	5,000万円
借入金額	5,000万円	4,000万円
手出資金	0円	1,000万円
月々返済額	約16万円	約21万円
利息分合計	約950万円	約2,260万円

【図4-2　5000万円の新築・中古の木造一棟アパート購入時の支出比較】

要は、中古物件は低価格で利益を出しやすそうに見えるものの、最終的に手元に残るお金が少ない＝旨味がないため、私たちはおすすめしていません。

　こうした中古物件も含めて、低価格で購入できる不動産を中心に販売している業者があります。しかし「安かろう悪かろう」という言葉があるように、安い価格にはそれなりの理由があります。冷静にさまざまな観点で分析し、詳細に計算をしていくと採算が合わないという物件が見えてきます。
　あたかも掘り出し物に思えるような安い物件を見つけて、「お宝物件なのではないか？」と思ったとしても、まずは冷静になりましょう。

✿ 中古はなにかと難しい

　具体的な「新築×木造×一棟アパート」の方法に踏み込む前に中古物件のお話を伝えてきましたが、結論として、「中古物件の運用は新築に比べて難易度が高い」と言えます。

　実は、私も昔は中古物件の方が割安ゆえに利益を出しやすいと考え、法定耐用年数の過ぎた鉄骨造の物件を探したことがあります。しかし、実家の家業であるアパート経営を小さい頃から見ていた私は、ほとんどの不動産会社が修繕費のことをあまり考えず、表面利回りのみで利益を語っていることに強い違和感を覚えていました。
　現にいま、築40年近いRCの一棟マンションを所有していますが、先日も大規模修繕で800万円程度の費用がかかり、相場賃料にしても設備が古いために空室が埋まりづらい状況が続いています。加えて、雨漏りをしたり水道管が壊れたりと、とにかく手がかかります。

この物件は土地から購入して、新築から40年経つ物件ですから利益は出ていますし、すでに残債もないために修繕費がかかっても黒字になっているものの、今からこの物件を買う人がいるとすれば、その方の収支が赤字になることは間違いないとわかります。

　やはり表面利回りや割安感で判断せず、融資条件や修繕費、再販売のしやすさ＝リセールバリューなど、総合的に判断すれば新築アパートのほうがシンプルかつ優秀な投資対象と言えます。

　したがって、初心者の方には、とんでもないぼろ儲けではないものの、とんでもなく大損をすることがない堅実な新築アパートの経営から始めていただく方法がよいと思っています。

⌇結論⌇

1 初心者はどんな物件を選ぶべきか

中古物件はリスクが大きく、初心者には難易度が高い！
安定して堅実な『新築物件』からはじめよう。

2 ローリスク・ミドルリターンを
目指す方法

大なり小なりリスクがある中で、
そのリスクをコントロールする方法は
あるのだろうか？

❖「ミドルリスク」を「ローリスク」にする

　2章でもお話しした通り、あらゆる投資商品にはリスクの高いもの
と低いもの、リターンの多いものと少ないものがあります。定期預金、
国債などは、ローリスク・ローリターンですし、ハイリスク・ハイリ
ターンになると、FX、先物、暗号資産などが挙げられるでしょう。
そうした中で不動産投資は、一般的にミドルリスク・ミドルリターン
に該当すると言われています。

　しかしミドルであってもリスクはとりたくない、というのが世の常。
借金をして、万が一うまくいかない場合は人生が台無しになってしま
う。そんなことが頭をよぎる方もいるかと思いますし、そうでなくと
もリスクを抱えるのは誰でも嫌だと思います。

　このリスクをできるだけ最小化するために重要なのが、「コスト」
「空室」「出口」の３大リスクに関する理解を深めること。そしてこの
リスクをコントロールするのに最も適しているのが「新築×木造×一
棟アパート」で、首都圏の都心から１時間程度に位置する物件となり

ます。これがミドルリスク・ミドルリターンをローリスク・ミドルリターンの運用に変えていくための大きな道筋です。

　同時に、「副業としての不動産投資」においては、短期売買ではなく中長期的な視点で取り組むことが重要です。前提として、最低でも5〜6年、できれば10〜15年程度は持ち続けることを想定して解説しています。繰り返しになりますが、基本的に私たちは短期売買でのキャピタルゲインを狙う戦略はおすすめしていません。

✿ 売却時期の考え方

　図4-3は再掲となりますが、国土交通省が出している「民間賃貸住宅の計画修繕ガイドブック」の一部です。民間の賃貸住宅がどのタイミングで、どれくらいの修繕費がかかるかの概算を表しています。資料によれば5〜10年目に1部屋あたり約7万円、11〜15年目に約52万円となっており、ざっくりと10年に1度、大規模修繕によって大きな費用がかかることがわかります。この例は10部屋の場合なので、15年目までに1棟10部屋で、合計で約590万の費用がかかります。

　そこで、この修繕費が発生するタイミングを避けて売却する計画を立てましょう。具体的には購入から約15年で売るか、一度修繕をして25年目くらいで売るか、という選択肢が考えられます。

例えば、木造10戸（1K）では、次のようなイメージになります。

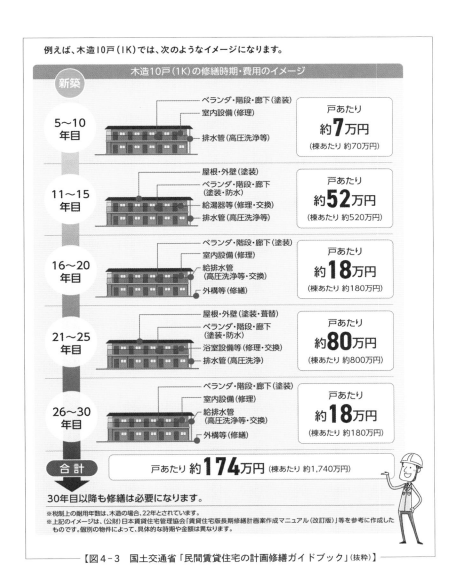

木造10戸（1K）の修繕時期・費用のイメージ

新築

5〜10年目
- ベランダ・階段・廊下（塗装）
- 室内設備（修理）
- 排水管（高圧洗浄等）

戸あたり 約**7**万円
（棟あたり 約70万円）

11〜15年目
- 屋根・外壁（塗装）
- ベランダ・階段・廊下（塗装・防水）
- 給湯器等（修理・交換）
- 排水管（高圧洗浄等）

戸あたり 約**52**万円
（棟あたり 約520万円）

16〜20年目
- ベランダ・階段・廊下（塗装）
- 室内設備（修理）
- 給排水管（高圧洗浄等・交換）
- 外構等（修繕）

戸あたり 約**18**万円
（棟あたり 約180万円）

21〜25年目
- 屋根・外壁（塗装・葺替）
- ベランダ・階段・廊下（塗装・防水）
- 浴室設備等（修理・交換）
- 排水管（高圧洗浄）

戸あたり 約**80**万円
（棟あたり 約800万円）

26〜30年目
- ベランダ・階段・廊下（塗装）
- 室内設備（修理）
- 給排水管（高圧洗浄等・交換）
- 外構等（修繕）

戸あたり 約**18**万円
（棟あたり 約180万円）

合計　戸あたり 約**174**万円（棟あたり 約1,740万円）

30年目以降も修繕は必要になります。

※税制上の耐用年数は、木造の場合、22年とされています。
※上記のイメージは、（公財）日本賃貸住宅管理協会「賃貸住宅版長期修繕計画案作成マニュアル（改訂版）」等を参考に作成したものです。個別の物件によって、具体的な時期や金額は異なります。

【図4-3　国土交通省「民間賃貸住宅の計画修繕ガイドブック」(抜粋)】

✿ シミュレーションツールで比較してみる

　リスクを見える化するためにも、具体的な収支をシミュレーションしてみましょう。

　次ページにある図4-4をご覧ください。PLACでは売却までの収支を精緻に計算して説明しています。多くの販売会社は、「毎月、年間でこのくらい収益を出します」というキャッシュフローの計算しかしません。これでは、不動産投資の重要な点のうちの半分しか考慮できていません。抜けている残りの半分は、売却時の資産価値=販売価格なのです。

　借金を返済していく行為は見方を変えると、土地と建物にどんどん貯金をしているようなもので、いずれは売却時の利益に繋がります。月々のキャッシュフローと売却時の利益、基本的にはこの2つが合わさって「利益」になっていきます。

　例を出しましょう。図4-4のシミュレーションでは「投資条件」欄のAにあるように、売却想定時期を15年目で設定しています。そしてBの部分、自己資金を約13％、ローン比率が90％、約5400万円の融資で35年間・金利2.3％で買った場合、15年間投資した利益が「結果サマリー（推定：全期間利回り）」欄の3230万円となります。

　15年という売却期間の設定は、大規模修繕前を想定したタイミングですが、ここからさらに物件の運用を続け、さらに5年後、10年後のほうが得になるかどうかを知りたければ、条件を変えて再計算をして、比較・検討していきます。

　なお、このシミュレーションの方法は、改めて後述しますので活用してください。

物件概要

販売価格　**6,000万円**

築年月	2021年 10月
建物構造	木造
総階数	2階建
総戸数	10戸
土地面積	180.00㎡
延床面積	205.00㎡

投資条件

初期費用

購入価格	60,000,000
仲介手数料＋購入諸費用	1,890,000
総額	61,890,000

売却 A

売却想定時期	15年目
売却想定価格	49,417,894
売却時表面利回り	9.5%
売却諸費用	1,976,715

ローン B

ローン額	54,000,000
自己資金	7,890,000
ローン比率	90%
ローン金利	2.300%
ローン期間	35年目

利回り

表面利回り	9.01%
NOI利回り	6.52%
全期間利回り	19.92%

結果サマリー（推定：金額 税引前）

運営損益計算

運営純収益	54,586,224
(-)ローン返済額	33,715,260
運営損益	**20,870,964**

売却損益計算

売却想定価格	49,417,894
(-)ローン残高	36,005,938
(-)売却諸費用	1,976,715
売却損益	**11,435,241**

結果サマリー（推定：全期間利回り）

15年間投資した場合、
自己資金額789万円が、3,230万円（税引前）になる見込みです。

【図4-4　PLACでのシミュレーションの一部】

結論

2 ローリスク・ミドルリターンを目指す方法

● コスト・空室・出口の
　リスクに対する理解を深める

● 新築×木造×一棟アパートで、
　首都圏の都心から1時間程度に
　位置する物件を選ぶ

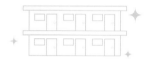

● 修繕費も含めてシミュレーションを行い、
　最も利益を出せるタイミングで
　売却する

3 成功するための 融資と物件を探す方法

購入のための融資と物件を探す方法。
ここは重要なところのはず。

どうやって進めたらいい？

目的・目標を設定する

不動産投資で成功するためには、まずはご自身の不動産投資の目的と目標を考え、決めるところから始まります。

本書は「副業としての不動産」を提案する内容ですから、基本的には「月々のキャッシュフローを生み出すこと」と、その後の、「売却時に売却益を出すこと」の2つが達成ポイントとなります。ですが、その前にあるべき、「なぜ、それをしたいのか」という目的は人によって様々なはずです。経済的自由を得て高級車に乗りたいのか、子どもの教育資金に備えたいのか、老後の資金を貯めたいのか。

ここを決めておくことで、無理な、あるいは不要なチャレンジをしたり、逆に攻めるべきところで躊躇したりといったことがなくなり、自分自身の経営方針がブレなくなります。

経営者として数多の意思決定を行なう際の精度、つまり一つひとつの決定内容がきちんと目的や目標への道筋に通じるものにするためにも、ここはしっかりと作り込むことをおすすめします。

❀ 自分の属性を整理する

目的と目標が決まったら、まずは自分の属性を整理してみるところから始めましょう。

なお、各銀行に融資の依頼をする際、自分の属性を整理したプロフィールシートを提出する必要があります。ここに記載するものは名前、年齢、居住地、勤務先、直近3年分の年収、自己資金額などです。

シートに整理ができたら、自分に当てはまる銀行がないかを調べてみてください。その上で、同時に不動産会社にも相談し、今の自分の属性でどんな金融機関が使えるのか、確認してみましょう。

なお、金融機関の条件は、日々、生き物のように動くと思っておいたほうがいいでしょう。例えば一部の銀行では、「スルガショック」などの影響によって条件のハードルが高くなってしまいました。また、本書で述べた各銀行の条件は、あくまで参考としていただき、実際に融資を検討する際には必ず最新の情報に当たるようにしましょう。

とはいえ、自分自身で自らの属性と銀行の融資条件を厳密かつ正確に照らしあわせるのは難しいかと思います。そこで、前述の内容を整理した上で、不動産会社などに確認するとよいでしょう。

❀ 自分にあった金融機関を探す

目的と目標が定まり、自分の属性の把握ができたら、次に金融機関を選びます。不動産投資をする場合、「融資が受けられるかどうか」が非常に重要なポイントであり、まずはここを通れなければ始まりません。自分がどんな銀行と取引でき、そしてどんな物件が買えるのか

を確認しなければ話が先に進まないためです（図4-5）。

　一般的なお話を例にとると、融資の可能性がある銀行としてはメガバンク、地方銀行、信用金庫そしてノンバンクが挙げられます。

　ちなみに、ここで都市銀行は考慮に入れる必要はありません。それは長期のローンを組んで利用できる可能性が低く、少ない自己資金の場合は融資の要件が厳しいためです。

　なお、地方銀行になると、条件が少し緩やかになります。大体年収が1000万円以上で、2000万円程度の金融資産をお持ちの方ぐらいから使えるようになります。ただし、年収基準の他にも、居住地や勤務地で条件が変わってきます。

　信用金庫は、自己資金が多ければ年収が低くても使える傾向にあります。ただし、大体2割〜3割程度の自己資金を入れることを条件として求められます。したがって年収700万円未満や自営業の方など、銀行から見て不安定と思われる職業の方でも利用が可能ですが、最低でも自己資金が1000〜2000万円程度は欲しいところです。

　その他、ノンバンクは銀行によって条件が異なる傾向があり、例えばA銀行は年収が700万円以上で、自己資金1000万円程度持っている方が使うことができる一方、B銀行では年収が700万円未満の方でも自己資金が1000〜2000万円ぐらいあれば可能、といった具合に銀行によって条件が異なります。

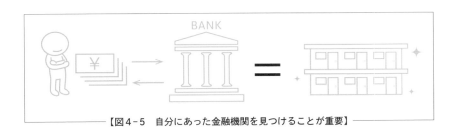

【図4-5　自分にあった金融機関を見つけることが重要】

❀ 物件探し

　目的と目標、自分の属性とそれに合う銀行、ここまで確認できてから、ようやく物件探しに進んでいくことになります。

　では、自分の属性、自分の使える銀行で買える物件にはどんなものがあるでしょうか。例えば、先ほどのB銀行の場合、年収700万円であれば1億円程度までの物件のローンが組めるとします。この条件で考えると、23区内での価格帯は物件として少ないため、23区外や国道16号線周辺のドーナツ帯エリアの物件で探していくことになります。

　一方、その他の銀行で借りる場合になると、新築では融資額が合わなくなるため、中古物件を検討する必要が出てくるでしょう。

　さて、ここまでに何度もお話ししているように、私たちが「副業としての不動産投資」で月々の利益を出すために理想的な物件としてご提案するのは、年収700万円以上の方々に対しては新築・木造・一棟アパートの運用がメインとなります。

　ただ、誤解のないようにお伝えしておきたいのは、その条件を満たせない方は中古物件に手を出してはいけない、と言っているわけではありません。あくまでも新築×木造×一棟アパートが利益を出しやすいというだけで、中古物件の場合においても他の投資商品と比べれば、安定した利益を出しやすいことに変わりはないのです。

　そのため、前述のように条件が折りあわない場合においては、もちろん条件を再度検討したうえで、中古アパートから始めることも考えられる選択肢です。ただ、どちらも購入できる場合においては、その属性の優秀さを理由に、間違いなく新築をおすすめします。

結論

3 成功するための融資と物件を探す方法

①目的と目標を決める

②自分の属性を整理する

③自分にあった銀行を探す

④融資が出る物件を探す

目標　　　目的

BANK

最も大切なことは
「月々のキャッシュフローを生み出すこと」と
「売却益を出すこと」。
この実現のために、新築・中古問わず、
自分の条件に合った最良の物件を見つけよう！

第4章 副業するなら新築×木造×一棟アパートから始めよう

4 シミュレーションで 利益を把握する

シミュレーション……
なんだか難しそうだけど、
大事なところ。

しっかり取り組みたいけど、
どうやってやればいい？

✻ 融資・物件探しが終わったら、 売却益まで見据えてシミュレーションをしよう

融資と物件を探す方法についてお伝えしましたが、ここではその後にするべきシミュレーションについて、お伝えしていきます。

ここでは当社で開発したシミュレーションツールをご紹介いたします（読者特典としてシミュレーションツールをご用意しました。巻末の特典ページをご参照ください）。

他の会社ではあまり強調されない修繕費を国土交通省のハンドブックにもとづいて作成したツールです（図4-6）。

コストの中で最も高い割合を占める修繕費を事前に把握することで未来を予測し、利益に繋げます。したがって、これまで営業マンが経験則で「このくらいですね」と言っていたような見当と推測で見積っていた方法より断然、信頼できるはずです。

		1年目	2年目	3年目	4年目	5年目	6年目	7年目	8年目	9年目	10年目
稼働率	家賃下落率	0.0%	-4.0%	-3.0%	3.0%	3.0%	2.0%	2.0%	2.0%	2.0%	2.0%
	入居率	80.0%	95.0%	95.0%	95.0%	95.0%	95.0%	95.0%	95.0%	95.0%	95.0%
	実質稼働率	80.0%	98.8%	101.7%	98.8%	96.0%	94.1%	92.2%	90.3%	88.4%	86.5%
収入	家賃	4,800,000	5,928,000	6,099,000	5,928,000	5,757,000	5,643,000	5,529,000	5,415,000	5,301,000	5,187,000
	駐車場	0	0	0	0	0	0	0	0	0	0
	共益費	0	0	0	0	0	0	0	0	0	0
	その他	0	0	0	0	0	0	0	0	0	0
	合計	4,800,000	5,928,000	6,099,000	5,928,000	5,757,000	5,643,000	5,529,000	5,415,000	5,301,000	5,187,000
支出	租税公課 土地	43,750	43,750	43,750	43,750	43,750	43,750	43,750	43,750	43,750	43,750
	租税公課 建物	525,000	501,136	477,273	453,409	429,545	405,682	381,818	357,955	334,091	310,227
	減価償却費	2,272,727	2,272,727	2,272,727	2,272,727	2,272,727	2,272,727	2,272,727	2,272,727	2,272,727	2,272,727
	火災保険	20,000	20,000	20,000	20,000	20,000	20,000	20,000	20,000	20,000	20,000
	原状回復費用	100,000	100,000	100,000	100,000	100,000	100,000	100,000	100,000	100,000	100,000
	計画修繕費用	0	0	0	0	0	132,100	132,100	132,100	132,100	132,100
	管理費	264,000	326,040	335,445	326,040	316,635	310,365	304,095	297,825	291,555	285,285
	支払利息	1,784,835	1,751,237	1,716,824	1,681,576	1,645,472	1,608,492	1,570,615	1,531,819	1,492,081	1,451,379
	その他	60,000	60,000	60,000	60,000	60,000	60,000	60,000	60,000	60,000	60,000
	合計	5,070,313	5,074,891	5,026,019	4,957,502	4,888,130	4,953,116	4,885,106	4,816,176	4,746,305	4,675,469
経常利益		-270,313	853,109	1,072,981	970,498	868,870	689,884	643,894	598,824	554,695	511,531
税金相当額		-54,063	170,622	214,596	194,100	173,774	137,977	128,779	119,765	110,939	102,306
当期利益		-216,250	682,487	858,385	776,398	695,096	551,907	515,115	479,059	443,756	409,225

＜インカムゲイン＞

	1年目	2年目	3年目	4年目	5年目	6年目	7年目	8年目	9年目	10年目
返済前キャッシュフロー	2,056,477	2,955,214	3,131,112	3,049,126	2,967,823	2,824,634	2,787,843	2,751,787	2,716,484	2,681,952
返済元金	1,384,585	1,418,183	1,452,596	1,487,845	1,523,948	1,560,928	1,598,805	1,637,601	1,677,339	1,718,041
返済後キャッシュフロー	671,892	1,537,031	1,678,516	1,561,281	1,443,875	1,263,706	1,189,037	1,114,185	1,039,145	963,911
累積キャッシュフロー	671,892	2,208,923	3,887,439	5,448,720	6,892,595	8,156,301	9,345,339	10,459,524	11,498,668	12,462,579

＜キャピタルゲイン＞

	1年目	2年目	3年目	4年目	5年目	6年目	7年目	8年目	9年目	10年目
期末残債	73,615,415	72,197,232	70,744,636	69,256,791	67,732,843	66,171,915	64,573,109	62,935,508	61,258,169	59,540,128
売却時利回り	8.00%	8.04%	8.08%	8.12%	8.16%	8.20%	8.24%	8.28%	8.33%	8.37%
売却価格	75,000,000	77,611,940	76,483,255	71,669,572	71,313,007	71,689,744	71,333,079	70,978,188	70,625,062	70,273,694
売却時諸経費	3,000,000	3,104,478	3,059,330	2,866,783	2,852,520	2,867,590	2,853,323	2,839,128	2,825,002	2,810,948
譲渡所得税	0	1,621,167	2,096,843	1,157,479	1,929,649	1,491,704	1,877,769	2,264,176	2,650,921	3,038,004
売却手残り	-1,615,415	689,064	582,447	-1,611,481	-1,202,005	1,158,536	2,028,877	2,939,377	3,890,970	4,884,615

＜投資指標＞

	1年目	2年目	3年目	4年目	5年目	6年目	7年目	8年目	9年目	10年目
インカム＋キャピタル	-943,523	2,897,987	4,469,886	3,837,239	5,690,590	9,314,837	11,374,215	13,398,900	15,389,638	17,347,194
手残り-投下自己資金	-5,443,523	-1,602,013	-30,114	-662,761	1,190,590	4,814,837	6,874,215	8,898,900	10,889,638	12,847,194
内部収益率 (IRR)		-21.8%	-0.3%	-6.8%	8.7%	21.9%	25.0%	26.7%	27.7%	28.2%

【図4-6　当社開発のツールを用いたシミュレーション例】

年に1回の確定申告時にチェックする

　シミュレーションの結果、収支計画、事業計画が固まって実際に事業を開始したら、日々の業務はほぼ管理会社に任せてよいと思いますが、計画についてはその後も継続的に進捗の確認を続けましょう。年に1回、確定申告の内容と突きあわせながら結果がどうだったかという予実表をつけるのもよいでしょう。

なお、シミュレーション結果はあくまでも未来の予測なので、見込み通りにいくとは限りません。大切なのは、経験を次の機会に必ず活かすことです。計画通りだったのか、計画よりも多くの費用がかかってしまったのか、改善すべき点はどこかなどを確認し、シミュレーションに問題があれば、今後の進め方に生かしてください。

　反省も含めて学習を重ねることで、真の不動産投資の経験が蓄積されるはずです。このツールを、そのための武器として活用してください。

結論

4　シミュレーションで利益を把握する

● 融資、物件探しが終わったら、
　修繕費まで含めてシミュレーションをする。

● 不動産投資を開始した後も、年に1回の確定申告時に
　シミュレーションをチェックして、予実管理をする。

5 入居者を獲得するための物件管理について

どうやって空室を
回避するか？

⬥ 入居者を確保するには分析が大事

　物件を購入したのち、プラン通りに物件が収益を生み出すようにするために、物件の管理が必要になります。これについては入居者を絶え間なくつけるための入居管理と、アパート自体のメンテナンス・建物管理の2つの側面があります。PLACでは、これら管理業務についても管轄エリアであれば請け負っていますので、お気軽に相談してください。

　さて、アパート経営では、当然ながら空室リスクがあります。できるだけ常に満室の状態を維持して経営することが、まず何よりも大切です。一日でも早く入居してもらい、長く満室を維持する。これを念頭に起きましょう。

　万が一、空室が出たり、なかなか入居がつかなかったりした時は、挽回するための方法として賃料を下げる、あるいは仲介会社へのボーナスなどの対策が必要です。その対策を考えるためには、現状を正確

に把握しなければいけません。そこで、まずは現状を俯瞰的に分析するところから始めましょう。皆さんが日常のお仕事でされている問題発見・課題解決のプロセスと同じで、入居は大事な観点ですが、目の前で起きていることだけに囚われてしまえば部分最適の解決で終わってしまい、非効率な対応になる可能性もあります。

しかし普段のお仕事では、うまくいかなかった点を分析する場合、そのためのデータを収集すると思いますが、不動産投資の分析を行なう場合のデータは入手が難しいことがあります。

例えば、賃貸の管理会社は一般的に、月１回オーナーさんのところに送金明細という書類を送ります。これがオーナーさんへの報告代わりとなるのですが、基本的にはその連絡しか接点がない、というようなことが多いものです。これでは「空室がなかなか改善されない」という場合、この報告書だけでは「なぜ入らないのか」「なぜ空室になったのか」などの理由を分析することができません。

そこで、管理会社から下記のデータを出してもらうようにするとよいでしょう（図４-７）。

・反響数…広告を出した上での反響が何件あったか。

・内見数…内見がその週に何件あったか。

・内見に同行した会社と担当者の名前。

・内見の結果、入居に至らなかった場合の理由。

◆物件概要

物件名		築年月	2021/9	構造	木造3階建
住所					

◆反響・案内 実績数（日別）

項目	部屋番号	11/18	11/17	11/16	11/15	11/14	11/13	11/12
反響数	101	0	0	0	0	0	0	0
	102	0	0	0	0	0	0	0
	103	0	0	0	0	0	0	0
	104	0	0	0	0	0	0	0
	201	0	0	0	0	0	0	0
	202	0	0	2	2	1	1	2
	203	0	0	0	0	0	0	0
	204	0	0	1	0	1	1	1
	301	0	0	1	0	0	1	2
	302	0	0	0	0	0	0	0
	303	0	0	0	0	0	0	0
	304	0	0	1	0	0	1	1
内見数		1	0	1	0	0	1	0

◆反響・案内 実績数（週別）

項目	11/12~	11/05~	10/29~	10/22~
反響数	19	6	16	17
内見数	3	3	1	3

◆反響・案内 実績数（月別）

項目	2021年11月	2021年10月	2021年09月	2021年08月	2021年07月	2021年06月
反響数	32	54	81	43	0	0
内見数	6	14	11	0	0	0

【図4-7　PLACのオーナーさん向け報告シート（一部抜粋）】

　これらを確認することで、なぜ入らないのかという問題点が浮き彫りになってくるわけです。ちなみにこの反響数などの情報は、投資のプロであるREIT（不動産投資信託）を扱う証券会社が管理会社に週報で報告させている内容と同じです。この内容を一般のオーナーさんも使うことでプロと同じような物件管理ができるようになります。

　例えば反響数が少ないことに原因があれば、広告の露出が少ない、あるいはそもそも条件面が悪いために反響がない、と分析することができ、広告を増やしたり、条件を見直したりすることができます。また、内見数が少ないのであれば、広告を見てもらっているものの、例えば訴求の方法が悪い、あるいは仲介業者がちゃんと紹介していないのではないか。こういった仮説を立てることができ、仲介会社への

様々な対応改善要求が対策として考えられるでしょう。

　以上を参考にしていただき、最低限、先述の4つのデータを確認できる管理会社を選んでください。ちなみにPLACではGoogleスプレッドシートを利用して高頻度かつ細かいレベルで情報を蓄積するようにしています。
　また、スプレッドシートを使っている理由は、一般的にはほとんど知ることのできない反響数などの情報＝管理会社がブラックボックス化させている情報、つまりプロが週単位で把握している情報を、できるだけリアルタイムにオーナーさんと共有できるようにするためです。

　こうしたツールも用いて、物件ごとの課題を改善していく対策を打っていきます。どうしても難しい場合は、オーナーさんから仲介会社さんにADと呼ばれる広告費を多めに支払い、さらに紹介を頑張ってもらったり、入居者がつきやすいようにフリーレントを入れたり、最終的には賃料を下げたりなど、様々な対策を考える必要があります。
　こうした打ち手となる施策の良し悪しについては、仲介会社の担当に聞くのが一番いいでしょう。そして担当者と顔を突き合わせながら「どうやったら入居者が入るのか？」としっかり打ち合わせることが大切です。そういう意味でも、細かい情報収集ができ、こまめな相談に乗ってくれる管理会社を選んでください。

❖ 管理費と広告費

　アパート管理料の相場は、月々の賃料の約5％が相場です。この中には入居者への対応費と、集金などの業務費などが含まれています。
　空室になってしまった場合、入居者を集めるためのポータルサイト

への掲載費は仲介会社がこの管理料の中から負担することになります。

　一方で新規の入居者が決まった際は、一般的には入居者が仲介会社に仲介手数料を支払います。例えば5万円の部屋が決まったら、賃料1カ月分の金額が、入居者から賃貸の入居者をつけた会社に支払われます。ただ、仲介会社にとっては、それだけでは利益と呼ぶには乏し過ぎるため、仲介手数料とは別途、オーナーさんからボーナスが入るような条件を設定することで、より積極的に仲介会社が物件をすすめてくれるように促すことがあります。仲介手数料は法律によって上限が決められているため、このボーナスは仲介手数料とは呼ばずに広告費と呼んでいます。

　ただ、入居がつきやすいところであれば広告費は少なくて済みますし、そうでなければ広告費は上がっていきます。

❀ サブリース

　サブリースとは、物件の空室リスクを減らすための方法の1つです。サブリース業者が不動産経営を行なうオーナーさんから賃貸物件を借り上げ、賃貸物件の入居の有無に関係なく、オーナーさんに保証賃料を支払う仕組みです。同時に、サブリース業者が入居者募集や入居者からの賃料回収などを行ないます。

　つまり、サブリースを利用することで空室があっても家賃収入を得ることができるため、オーナーさんとしては空室リスクを回避することができます。しかし一方で各種手数料がかかるため、収益性の面では制約が発生します。

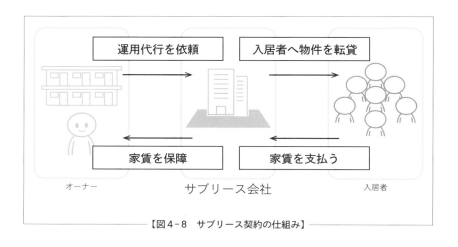

【図4-8　サブリース契約の仕組み】

　サブリースは、1つのシステムなので、使い方次第だと私たちは考えています（図4-8）。

　基本的には東京23区内で通常レベルの賃貸管理を行なえば、まず問題なく入居がつきますので、23区内でサブリースをするメリットは少ないでしょう。郊外などで最初の入居付けが少し苦労しそうだなという場合にとりあえずサブリースを入れて、2～3年後には解約するという方法もあります。

　例えば東京に電車1本で来られない支線の駅などになると、入居は苦戦する場合がありますので、サブリースは検討の視野に入ってくるでしょう。サブリースを利用する場合、利回りは下がりますが、例えば同じ仕様の物件が2つあるとして、都内の新築ならば利回り7％のところが、支線の駅物件の場合は8.5％などで購入できることがあります。これを年間収入に換算すると100～200万円の差になりますが、都心ではない分、空室のリスクは高くなります。ここで自力で入居者を入れる努力をするのか、利回りが高いのでサブリースにするのかは、

その方の方針、判断次第です。

　なお、「サブリースは必要です。セットで考えましょう」と、パッケージとして売っている会社もありますが、前述を理由として、必要であれば検討してもよい、という事を頭の片隅に置いておくとよいでしょう。ただ、前述のようにサブリースは賃料が安定するメリットがありますが、サブリース会社の都合で保障賃料を変更され、オーナーさんが納得しなければ契約を切られる等、デメリット、リスクもあります。

　とはいえ、こうした仕組みがあることを知っておいて損はなく、必要であれば利用を検討してみるのもよいでしょう。

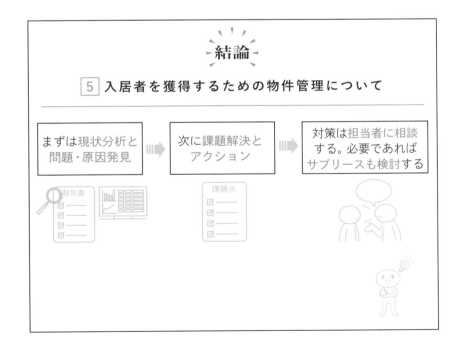

結論

⑤ 入居者を獲得するための物件管理について

まずは現状分析と
問題・原因発見
➡ 次に課題解決と
アクション
➡ 対策は担当者に相談
する。必要であれば
サブリースも検討する

6 信頼できる不動産会社の 見分け方とは？

不動産会社は
どうやって選べばいい？

初心者が気を付けた方が
よいポイントは？

根拠をしっかり示してくれる

　基本的な業務を外部に任せるには、その道のプロであり、かつ信頼できるパートナーを選ぶことが重要です。とはいえ、初めての方は適切なパートナーの選び方がわからないかと思います。例えば、webで調べたとしても、それぞれの会社の立場でポジショントークをしているのではないかと疑う人もいるでしょう。

　では、実際にどうやって見極めていけばいいのでしょうか。

　まず何よりも大切なのは、その物件にあるリスクや、その根拠をちゃんと示してくれるかどうか、というところだと思います。

　特に、低価格商品の場合は商品説明やリスクの説明が十分ではないケースが多く散見されます。購入する物件が低価格であっても高価格であっても、その物件と、そこに孕んでいるリスクを詳しく説明してくれて、同時にその物件を運用していく目的・ゴールをしっかり確認・共有できる会社を選びましょう。そうした根拠をきちんと示して

不動産会社にも
いろいろあるなぁ……。

くれるところであれば、比較的安心して相談できるかと思います。

　しかし不動産の専門知識は、すぐには理解しづらいものもあります。そこで、ある程度は自分で勉強することで、説明自体が信頼できるものかどうかを少しでも見極められるように備えましょう。その上で、説明を聞いていてわからないことがあれば「なぜそうなるのか」「その理由でなぜ大丈夫なのか」を納得できるまで確認してみてください。そうした質問に対して嫌な顔をせず、ちゃんと根拠を持ってわかりやすく説明してくれるところであれば、信頼できる会社と思って問題ないでしょう。

　さらに言えば、運用に必要な経費についてもしっかり説明してくれるところがよいでしょう。会社によっては、収支のシミュレーションを行なっていても、都合の悪い部分は除外してお客さまに見せる場合もあるようです。当然ながらその理由は、販売するために都合の悪い情報を見せたくないためです。あえてシミュレーションには盛り込まず、「別途、初期費用はこれくらいかかります」というように、別立てで見せるような手口です。実際には経費が別にかかると説明されても、シミュレーション内では数字が綺麗に見えるため、初心者は見落としがちです。

　こうした数字を綺麗に見せる細工をしている会社は少なくありません。この点を見落とさないようにするためにも、「経費は全部シミュ

レーションに入っていますか？」と、しっかり確認をしましょう。

こうした点を曖昧にせずに丁寧に説明し、購入者が納得した上で進めてくれる。そういう会社と付き合いたいところです。

❌ こういう会社は注意

・店舗を過度に演出している

見た目で会社の良し悪しを判断する点に関しては一概にはこうとは言えない面もあるものの、例えば傾向として、店内を過度なラグジュアリーな家具をあつらえたり、金の額縁で絵画を飾っていたり、ことさらに高級感を演出している会社は避けたほうがよいでしょう。私の経験ですが、このような会社は利益が出そうな雰囲気を生むための演出にはお金をかけていて、実際にはオーナーさんの利益にならない物件を紹介することが多いと思います。

・プッシュ型営業の会社

何のきっかけもなく営業電話をかけてくるような業者には、強引な営業活動をする傾向があるように思います。かつてはこうした不動産営業も多く見られましたが、近年ではWEBなどでお客さまのほうからお問い合わせがあった場合に、折り返して電話連絡をすることが一般的になりつつあります。

いずれにしても、どこから自分の情報を入手したのかわからない会社から突然電話がかかってくるのは、大いに問題と言えるでしょう。

こういう会社は、例えば名簿屋などから電話番号のリストを有償で入手し、手当たり次第に電話することが多いようです。こうした類のおいしい営業トークに興味本位で応じ、事務所に一度出向いたら最後、断ると「こちらも仕事でやっているんです」「この時間の経費を返し

てください」などと凄まれ、イエスと言うまで帰してもらえないというような悪質な例も聞いたことがあります。消費者センターでもこうした苦情は少なくないようです。

いきなり電話がかかってきた場合は、その情報がどれだけ旨味のある情報のように聞こえたとしても、直接話を聞きに行くようなことは避けたほうがよいでしょう。

✤「営業パーソンに詳しく聞けない」という方は

なお、実際に営業パーソンと対峙すると、疑問に感じたことやわからないことを直接質問できない場合もあるでしょう。そういう場合はセカンドオピニオンのような感覚で、別の会社に意見を聞いてみるのも1つの方法です。

最近では、病院でも診断のセカンドオピニオンが当たり前になってきています。会社によっては自社の利益を少しでも上げるため、悪気がなくとも自社や商品のリスクを話さないこともありえます。少しでも気になった部分は第三者に聞いて客観的に判断できる態勢をつくるとよいでしょう。

こうした悩みでお困りであれば、PLACでも無料相談を行なっているので、セカンドオピニオンとしての相談が必要であれば、いつでも気軽にご連絡ください。

結論

6 信頼できる不動産会社の見分け方とは？

> 根拠と信頼があり、一緒に伴走してくれるパートナーが
> いる不動産会社を見つけましょう。

- しっかりと根拠を示してくれる
- 自らリスクの話ができる
- 目的やゴールの考え方を教えてくれる

 下記に該当する会社や営業パーソンには
気を付けましょう。

caution　　　　　　　　　　　　　　　　　　　　caution

- 根拠のない回答や提案をしてくる
- リスクの話が出てこない
- 協力的ではない
- 店舗が過度に演出されている
- 過剰なプッシュ型営業の会社

7 実行のために将来を見据える

なんだか自分にも
できるような気がしてきた……!!

見通しを立てるぞ！

✿副業という視点でのシミュレーション例

　本章の最後に、ここまでを踏まえて、詳細にシミュレーションしてみましょう。ここでは購入時の年齢や条件の組み合わせを変えて、4つのパターンを想定してみます。

【条件1〜3　物件情報】

▶新築木造一棟アパート	▶土地価格：2000万円	▶物件価格：4500万円
▶諸経費：390万円	▶総投資額：6890万円	▶部屋数：10部屋
▶1室あたり賃料：43000円	▶利回り：7.94%	

【条件4　物件情報】

▶中古木造一棟アパート	▶築年数：30年	▶土地価格：3500万円
▶物件価格：1000万円	▶諸経費：270万円	▶総投資額：4770万円
▶部屋数：10部屋	▶1室あたり賃料：38000円	▶利回り：10.13%

条件 1

- ▶ 上場企業勤務33歳
- ▶ 年収：700万円
- ▶ 自己資金：1000万円
- ▶ 返済期間：35年

＜長期損益計画書＞

✿PLAC

		1年目	2年目	3年目	4年目	5年目
稼働率	家賃下落率	0.0%	-4.0%	-3.0%	3.0%	3.0%
	入居率	80.0%	95.0%	95.0%	95.0%	95.0%
収入	家賃	4,128,000	5,098,080	5,245,140	5,098,080	4,951,020
	合計	4,128,000	5,098,080	5,245,140	5,098,080	4,951,020
支出	租税公課 土地	35,000	35,000	35,000	35,000	35,000
	租税公課 建物	472,500	451,832	429,545	408,068	386,591
	減価償却費	2,045,455	2,045,455	2,045,455	2,045,455	2,045,455
	火災保険	20,000	20,000	20,000	20,000	20,000
	原状回復費用	100,000	100,000	100,000	100,000	100,000
	計画修繕費用	0	0	0	0	0
	管理費	227,040	280,394	288,483	280,394	272,306
	支払利息	1,482,157	1,453,720	1,424,623	1,394,849	1,364,383
	その他	180,000	180,000	180,000	180,000	180,000
	合計	4,562,151	4,565,592	4,523,105	4,463,766	4,403,734
経常利益		-434,151	532,488	722,035	634,314	547,286
税金相当額		-86,830	106,498	144,407	126,863	109,457
当期利益		-347,321	425,990	577,628	507,451	437,829

＜インカムゲイン＞

	1年目	2年目	3年目	4年目	5年目
返済前キャッシュフロー	1,698,133	2,471,445	2,623,082	2,552,906	2,483,283
返済元金	1,223,395	1,251,832	1,280,929	1,310,703	1,341,169
返済後キャッシュフロー	474,738	1,219,613	1,342,153	1,242,203	1,142,114
累積キャッシュフロー	474,738	1,694,352	3,036,505	4,278,707	5,420,821

＜キャピタルゲイン＞

	1年目	2年目	3年目	4年目	5年目
期末残債	63,776,605	62,524,773	61,243,844	59,933,141	58,591,972
売却時利回り	7.94%	7.98%	8.02%	8.06%	8.10%
売却価格	65,000,000	67,263,680	66,285,488	62,113,629	61,804,606
売却時諸経費	2,600,000	2,690,547	2,651,420	2,484,545	2,472,184
譲渡所得税	0	1,465,617	1,908,173	1,124,361	1,823,878
売却手残り	-1,376,605	582,744	482,052	-1,428,418	-1,083,427

＜投資指標＞

	1年目	2年目	3年目	4年目	5年目
インカム＋キャピタル	-901,867	2,277,095	3,518,556	2,850,290	4,337,394
手残り-投下自己資金	-4,801,867	-1,622,905	-381,444	-1,049,710	437,394
内部収益率（IRR）		-25.7%	-4.2%	-13.3%	3.9%

		16年目	17年目	18年目	19年目	20年目	21年目	22年目	23年目	24年目	25年目
稼働率	家賃下落率	0.6%	0.6%	0.6%	0.6%	0.6%	0.6%	0.2%	0.2%	0.2%	0.2%
	入居率	95.0%	95.0%	95.0%	95.0%	95.0%	95.0%	95.0%	95.0%	95.0%	95.0%
収入	家賃	4,147,092	4,117,680	4,088,268	4,058,856	4,029,444	4,000,032	3,990,228	3,980,424	3,970,620	3,960,816
	合計	4,147,092	4,117,680	4,088,268	4,058,856	4,029,444	4,000,032	3,990,228	3,980,424	3,970,620	3,960,816
支出	租税公課 土地	35,000	35,000	35,000	35,000	35,000	35,000	35,000	35,000	35,000	35,000
	租税公課 建物	150,341	135,000	135,000	135,000	135,000	135,000	135,000	135,000	135,000	135,000
	減価償却費	2,045,455	2,045,455	2,045,455	2,045,455	2,045,455	2,045,455	2,045,455	0	0	0
	火災保険	20,000	20,000	20,000	20,000	20,000	20,000	20,000	20,000	20,000	20,000
	原状回復費用	100,000	100,000	100,000	100,000	100,000	100,000	100,000	100,000	100,000	100,000
	計画修繕費用	353,100	353,100	353,100	353,100	353,100	1,600,500	1,600,500	1,600,500	1,600,500	1,600,500
	管理費	228,090	226,472	224,855	223,237	221,619	220,002	219,463	218,923	218,384	217,845
	支払利息	978,701	938,562	897,490	855,463	812,460	768,457	723,431	677,358	630,215	581,976
	その他	180,000	180,000	180,000	180,000	180,000	180,000	180,000	180,000	180,000	180,000
	合計	4,090,686	4,033,589	3,990,899	3,947,255	3,902,634	5,104,413	5,058,848	2,966,782	2,919,099	2,870,321
経常利益		56,406	84,091	97,369	111,601	126,810	-1,104,381	-1,068,620	1,013,642	1,051,521	1,090,495
税金相当額		11,281	16,818	19,474	22,320	25,362	-220,876	-213,724	202,728	210,304	218,099
当期利益		45,125	67,273	77,895	89,281	101,448	-883,505	-854,896	810,914	841,217	872,396

＜インカムゲイン＞

	16年目	17年目	18年目	19年目	20年目	21年目	22年目	23年目	24年目	25年目
返済前キャッシュフロー	2,090,579	2,112,728	2,123,350	2,134,735	2,146,903	1,161,950	1,190,559	810,914	841,217	872,396
返済元金	1,726,851	1,766,990	1,808,062	1,850,089	1,893,092	1,937,095	1,982,121	2,028,194	2,075,337	2,123,576
返済後キャッシュフロー	363,728	345,737	315,288	284,647	253,811	-775,146	-791,563	-1,217,280	-1,234,120	-1,251,180
累積キャッシュフロー	9,348,705	9,694,442	10,009,730	10,294,377	10,548,187	9,773,042	8,981,479	7,764,199	6,530,079	5,278,899

＜キャピタルゲイン＞

	16年目	17年目	18年目	19年目	20年目	21年目	22年目	23年目	24年目	25年目
期末残債	41,613,545	39,846,555	38,038,493	36,188,404	34,295,312	32,358,217	30,376,096	28,347,902	26,272,565	24,148,989
売却時利回り	8.81%	8.90%	8.99%	9.08%	9.17%	9.36%	9.54%	9.73%	9.93%	10.13%
売却価格	58,193,830	57,617,654	57,047,182	56,482,358	55,923,127	54,826,595	53,967,868	52,909,674	51,872,230	50,855,127
売却時諸経費	2,327,753	2,304,706	2,281,887	2,259,294	2,236,925	2,193,064	2,158,715	2,116,387	2,074,889	2,034,205
譲渡所得税	4,718,670	5,017,135	5,316,695	5,617,340	5,919,059	6,117,615	6,361,831	6,158,657	5,959,468	5,764,184
売却手残り	9,533,862	10,449,258	11,410,106	12,417,320	13,471,831	14,157,699	15,071,227	16,286,728	17,565,307	18,907,749

＜投資指標＞

	16年目	17年目	18年目	19年目	20年目	21年目	22年目	23年目	24年目	25年目
インカム＋キャピタル	18,882,567	20,143,700	21,419,836	22,711,696	24,020,018	23,930,741	24,052,706	24,050,927	24,095,387	24,186,648
手残り-投下自己資金	14,982,567	16,243,700	17,519,836	18,811,696	20,120,018	20,030,741	20,152,706	20,150,927	20,195,387	20,286,648
内部収益率（IRR）	23.9%	23.8%	23.6%	23.4%	23.3%	23.0%	22.8%	22.6%	22.4%	22.2%

6年目	7年目	8年目	9年目	10年目	11年目	12年目	13年目	14年目	15年目
2.0%	2.0%	2.0%	2.0%	2.0%	2.0%	2.0%	0.6%	0.6%	0.6%
95.0%	95.0%	95.0%	95.0%	95.0%	95.0%	95.0%	95.0%	95.0%	95.0%
4,852,980	4,754,940	4,656,900	4,558,860	4,460,820	4,362,780	4,264,740	4,235,328	4,205,916	4,176,504
4,852,980	4,754,940	4,656,900	4,558,860	4,460,820	4,362,780	4,264,740	4,235,328	4,205,916	4,176,504
35,000	35,000	35,000	35,000	35,000	35,000	35,000	35,000	35,000	35,000
365,114	343,636	322,159	300,682	279,205	257,727	236,250	214,773	193,295	171,818
2,045,455	2,045,455	2,045,455	2,045,455	2,045,455	2,045,455	2,045,455	2,045,455	2,045,455	2,045,455
20,000	20,000	20,000	20,000	20,000	20,000	20,000	20,000	20,000	20,000
100,000	100,000	100,000	100,000	100,000	100,000	100,000	100,000	100,000	100,000
132,100	132,100	132,100	132,100	132,100	1,035,100	1,035,100	1,035,100	1,035,100	1,035,100
266,914	261,522	256,130	250,737	245,345	239,953	234,561	232,943	231,325	229,708
1,333,209	1,301,310	1,268,670	1,235,271	1,201,095	1,166,126	1,130,343	1,093,729	1,056,264	1,017,928
180,000	180,000	180,000	180,000	180,000	180,000	180,000	180,000	180,000	180,000
4,477,791	4,419,022	4,359,513	4,299,244	4,238,200	5,079,361	5,016,709	4,957,000	4,896,439	4,835,008
375,189	335,918	297,387	259,616	222,620	-716,581	-751,969	-721,672	-690,523	-658,504
75,038	67,184	59,477	51,923	44,524	-143,316	-150,394	-144,334	-138,105	-131,701
300,151	268,734	237,910	207,693	178,096	-573,264	-601,575	-577,337	-552,419	-526,803

2,345,606	2,314,189	2,283,364	2,253,147	2,223,551	1,472,190	1,443,880	1,468,117	1,493,036	1,518,651
1,372,343	1,404,242	1,436,882	1,470,281	1,504,457	1,539,426	1,575,209	1,611,823	1,649,288	1,687,624
973,263	909,946	846,482	782,866	719,094	-67,236	-131,329	-143,705	-156,252	-168,973
6,394,084	7,304,030	8,150,512	8,933,378	9,652,472	9,585,236	9,453,907	9,310,202	9,153,950	8,984,977

57,219,628	55,815,386	54,378,504	52,908,222	51,403,766	49,864,340	48,289,131	46,677,308	45,028,020	43,340,396
8.14%	8.18%	8.22%	8.26%	8.30%	8.39%	8.47%	8.55%	8.64%	8.73%
62,131,112	61,822,002	61,514,429	61,208,387	60,903,868	60,300,860	59,703,821	59,957,161	59,363,526	58,775,769
2,485,244	2,472,880	2,460,577	2,448,335	2,436,155	2,412,034	2,388,153	2,398,286	2,374,541	2,351,031
1,383,719	1,733,461	2,083,498	2,433,829	2,784,452	3,077,765	3,372,225	3,829,957	4,125,070	4,421,311
1,042,520	1,800,275	2,591,851	3,418,001	4,279,496	4,946,720	5,654,313	7,051,610	7,835,895	8,663,030

7,436,604	9,104,305	10,742,363	12,351,379	13,931,968	14,531,957	15,108,220	16,361,812	16,989,845	17,648,007
3,536,604	5,204,305	6,842,363	8,451,379	10,031,968	10,631,957	11,208,220	12,461,812	13,089,845	13,748,007
18.7%	22.0%	23.8%	24.9%	25.4%	25.1%	24.8%	24.8%	24.4%	24.1%

26年目	27年目	28年目	29年目	30年目	31年目	32年目	33年目	34年目	35年目
0.2%	0.2%	0.2%	0.2%	0.2%	0.2%	0.2%	0.2%	0.2%	0.2%
95.0%	95.0%	95.0%	95.0%	95.0%	95.0%	95.0%	95.0%	95.0%	95.0%
3,951,012	3,941,208	3,931,404	3,921,600	3,911,796	3,901,992	3,892,188	3,882,384	3,872,580	3,862,776
3,951,012	3,941,208	3,931,404	3,921,600	3,911,796	3,901,992	3,892,188	3,882,384	3,872,580	3,862,776
35,000	35,000	35,000	35,000	35,000	35,000	35,000	35,000	35,000	35,000
135,000	135,000	135,000	135,000	135,000	135,000	135,000	135,000	135,000	135,000
0	0	0	0	0	0	0	0	0	0
20,000	20,000	20,000	20,000	20,000	20,000	20,000	20,000	20,000	20,000
100,000	100,000	100,000	100,000	100,000	100,000	100,000	100,000	100,000	100,000
231,000	231,000	231,000	231,000	231,000	1,600,500	1,600,500	1,600,500	1,600,500	1,600,500
217,306	216,766	216,227	215,688	215,149	214,610	214,070	213,531	212,992	212,453
532,615	482,108	430,426	377,543	323,431	268,060	211,403	153,429	94,108	33,407
180,000	180,000	180,000	180,000	180,000	180,000	180,000	180,000	180,000	180,000
1,450,921	1,399,874	1,347,653	1,294,231	1,239,579	2,553,170	2,495,974	2,437,460	2,377,600	2,316,360
2,500,091	2,541,334	2,583,751	2,627,369	2,672,217	1,348,822	1,396,214	1,444,924	1,494,980	1,546,416
500,018	508,267	516,750	525,474	534,443	269,764	279,243	288,985	298,996	309,283
2,000,073	2,033,067	2,067,001	2,101,895	2,137,773	1,079,058	1,116,971	1,155,939	1,195,984	1,237,133

2,000,073	2,033,067	2,067,001	2,101,895	2,137,773	1,079,058	1,116,971	1,155,939	1,195,984	1,237,133
2,172,937	2,223,444	2,275,126	2,328,009	2,382,121	2,437,491	2,494,149	2,552,123	2,611,444	2,672,145
-172,864	-190,377	-208,125	-226,114	-244,348	-1,358,434	-1,377,177	-1,396,184	-1,415,460	-1,435,012
5,106,035	4,915,658	4,707,533	4,481,419	4,237,071	2,878,637	1,501,460	105,276	-1,310,184	-2,745,196

21,976,052	19,752,608	17,477,482	15,149,473	12,767,351	10,329,860	7,835,711	5,283,589	2,672,145	0
10.33%	10.54%	10.75%	10.96%	11.18%	11.24%	11.29%	11.35%	11.41%	11.46%
49,857,968	48,880,361	47,921,922	46,982,277	46,061,056	45,831,896	45,603,877	45,376,992	45,151,236	44,926,603
1,994,319	1,955,214	1,916,877	1,879,291	1,842,442	1,833,255	1,824,155	1,815,080	1,806,049	1,797,064
5,572,730	5,385,029	5,201,009	5,020,597	4,843,723	4,799,724	4,755,944	4,712,382	4,669,037	4,625,908
20,314,867	21,787,509	23,326,554	24,932,916	26,607,539	28,869,036	31,188,066	33,565,941	36,004,004	38,503,631

25,420,902	26,703,167	28,034,087	29,414,335	30,844,610	31,747,673	32,689,526	33,671,217	34,693,821	35,758,435
21,520,902	22,803,167	24,134,087	25,514,335	26,944,610	27,847,673	28,789,526	29,771,217	30,793,821	31,858,435
22.1%	22.0%	21.9%	21.8%	21.7%	21.6%	21.6%	21.5%	21.4%	21.4%

第4章 副業するなら新築×木造×一棟アパートから始めよう

▶ 上場企業勤務49歳
▶ 年収：700万円
▶ 自己資金：1000万円
▶ 返済期間：30年

<長期損益計画書>

✿ PLAC

		1年目	2年目	3年目	4年目	5年目
稼働率	家賃下落率	0.0%	-4.0%	-3.0%	3.0%	3.0%
	入居率	80.0%	95.0%	95.0%	95.0%	95.0%
収入	家賃	4,128,080	5,098,080	5,245,140	5,098,080	4,951,020
	合計	4,128,000	5,098,080	5,245,140	5,098,080	4,951,020
支出	租税公課 土地	35,000	35,000	35,000	35,000	35,000
	租税公課 建物	472,500	451,823	429,545	408,068	386,591
	減価償却費	2,045,455	2,045,455	2,045,455	2,045,455	2,045,455
	火災保険	20,000	20,000	20,000	20,000	20,000
	原状回復費用	100,000	100,000	100,000	100,000	100,000
	計画修繕費用	0	0	0	0	0
	管理費	227,040	280,394	288,483	280,394	272,306
	支払利息	1,479,018	1,443,630	1,407,420	1,370,369	1,332,456
	その他	180,000	180,000	180,000	180,000	180,000
	合計	4,559,012	4,555,502	4,505,903	4,439,286	4,371,807
経常利益		-431,012	542,578	739,237	658,794	579,213
税金相当額		-86,202	108,516	147,847	131,759	115,843
当期利益		-344,810	434,063	591,390	527,035	463,370

<インカムゲイン>

	1年目	2年目	3年目	4年目	5年目
返済前キャッシュフロー	1,700,645	2,479,517	2,636,844	2,572,490	2,508,825
返済元金	1,522,432	1,557,820	1,594,030	1,631,082	1,668,994
返済後キャッシュフロー	178,212	921,697	1,042,814	941,408	839,830
累積キャッシュフロー	178,212	1,099,910	2,142,724	3,084,132	3,923,963

<キャピタルゲイン>

	1年目	2年目	3年目	4年目	5年目
期末残債	63,477,568	61,919,748	60,325,718	58,694,636	57,025,642
売却時利回り	7.94%	7.98%	8.02%	8.06%	8.10%
売却価格	65,000,000	67,263,682	66,285,488	62,113,629	61,804,606
売却時諸経費	2,600,000	2,690,547	2,651,420	2,484,545	2,472,184
譲渡所得税	0	1,465,617	1,908,173	1,124,361	1,823,878
売却手残り	-1,077,568	1,187,769	1,400,178	-189,913	482,902

<投資指標>

	1年目	2年目	3年目	4年目	5年目
インカム＋キャピタル	-899,355	2,287,679	3,542,902	2,894,219	4,406,865
手残り-投下自己資金	-4,799,355	-1,612,321	-357,098	-1,005,781	506,865
内部収益率（IRR）		-24.1%	-3.6%	-9.9%	3.6%

		16年目	17年目	18年目	19年目	20年目	21年目	22年目	23年目	24年目	25年目
稼働率	家賃下落率	0.6%	0.6%	0.6%	0.6%	0.6%	0.6%	0.2%	0.2%	0.2%	0.2%
	入居率	95.0%	95.0%	95.0%	95.0%	95.0%	95.0%	95.0%	95.0%	95.0%	95.0%
収入	家賃	4,147,092	4,117,680	4,088,268	4,058,856	4,029,444	4,000,032	3,990,228	3,980,424	3,970,620	3,960,816
	合計	4,147,092	4,117,680	4,088,268	4,058,856	4,029,444	4,000,032	3,990,228	3,980,424	3,970,620	3,960,816
支出	租税公課 土地	35,000	35,000	35,000	35,000	35,000	35,000	35,000	35,000	35,000	35,000
	租税公課 建物	150,341	135,000	135,000	135,000	135,000	135,000	135,000	135,000	135,000	135,000
	減価償却費	2,045,455	2,045,455	2,045,455	2,045,455	2,045,455	2,045,455	2,045,455	0	0	0
	火災保険	20,000	20,000	20,000	20,000	20,000	20,000	20,000	20,000	20,000	20,000
	原状回復費用	100,000	100,000	100,000	100,000	100,000	100,000	100,000	100,000	100,000	100,000
	計画修繕費用	353,100	353,100	353,100	353,100	353,100	1,600,500	1,600,500	1,600,500	1,600,500	1,600,500
	管理費	228,090	226,472	224,855	223,237	221,619	220,002	219,463	218,923	218,384	217,845
	支払利息	852,500	802,550	751,439	699,140	645,625	590,866	534,834	477,500	418,834	358,803
	その他	180,000	180,000	180,000	180,000	180,000	180,000	180,000	180,000	180,000	180,000
	合計	3,964,486	3,897,577	3,844,848	3,790,931	3,735,799	4,926,822	4,870,251	2,766,924	2,707,718	2,647,148
経常利益		182,606	220,103	243,420	267,925	293,645	-926,790	-880,023	1,213,500	1,262,902	1,313,668
税金相当額		36,521	44,021	48,684	53,585	58,729	-185,358	-176,005	242,700	252,580	262,734
当期利益		146,085	176,082	194,736	214,340	234,916	-741,432	-704,019	970,800	1,010,322	1,050,934

<インカムゲイン>

	16年目	17年目	18年目	19年目	20年目	21年目	22年目	23年目	24年目	25年目
返済前キャッシュフロー	2,191,539	2,221,537	2,240,190	2,259,794	2,280,371	1,304,022	1,341,436	970,800	1,010,322	1,050,934
返済元金	2,148,950	2,198,900	2,250,011	2,302,310	2,355,825	2,410,584	2,466,616	2,523,950	2,582,617	2,642,647
返済後キャッシュフロー	42,590	22,637	-9,821	-42,516	-75,455	-1,106,562	-1,125,180	-1,553,149	-1,572,295	-1,591,713
累積キャッシュフロー	4,417,928	4,440,565	4,430,744	4,388,228	4,312,773	3,206,211	2,081,031	527,882	-1,044,413	-2,636,125

<キャピタルゲイン>

	16年目	17年目	18年目	19年目	20年目	21年目	22年目	23年目	24年目	25年目
期末残債	35,897,138	33,698,238	31,448,227	29,145,917	26,790,092	24,379,507	21,912,892	19,388,942	16,806,325	14,163,678
売却時利回り	8.81%	8.90%	8.99%	9.08%	9.17%	9.36%	9.54%	9.73%	9.93%	10.13%
売却価格	58,193,830	57,617,654	57,047,182	56,482,358	55,923,127	54,826,595	53,967,868	52,909,674	51,872,230	50,855,127
売却時諸経費	2,327,753	2,304,706	2,281,887	2,259,294	2,236,925	2,193,064	2,158,715	2,116,387	2,074,889	2,034,205
譲渡所得税	4,718,670	5,017,135	5,316,695	5,617,340	5,919,059	6,117,615	6,361,831	6,158,657	5,959,468	5,764,184
売却手残り	15,250,269	16,597,574	18,000,372	19,459,807	20,977,052	22,136,408	23,534,431	25,245,688	27,031,547	28,893,059

<投資指標>

	16年目	17年目	18年目	19年目	20年目	21年目	22年目	23年目	24年目	25年目
インカム＋キャピタル	19,668,197	21,038,139	22,431,116	23,848,035	25,289,825	25,342,620	25,615,462	25,773,570	25,987,135	26,256,934
手残り-投下自己資金	15,768,197	17,138,139	18,531,116	19,948,035	21,389,825	21,442,620	21,715,462	21,873,570	22,087,135	22,356,934
内部収益率（IRR）	17.9%	17.6%	17.2%	16.9%	16.6%	16.0%	15.5%	15.0%	14.5%	14.0%

6年目	7年目	8年目	9年目	10年目	11年目	12年目	13年目	14年目	15年目
2.0%	2.0%	2.0%	2.0%	2.0%	2.0%	2.0%	0.6%	0.6%	0.6%
95.0%	95.0%	95.0%	95.0%	95.0%	95.0%	95.0%	95.0%	95.0%	95.0%
4,852,980	4,754,940	4,656,900	4,558,860	4,460,820	4,362,780	4,264,740	4,235,328	4,205,916	4,176,504
4,852,980	4,754,940	4,656,900	4,558,860	4,460,820	4,362,780	4,264,740	4,235,328	4,205,916	4,176,504
35,000	35,000	35,000	35,000	35,000	35,000	35,000	35,000	35,000	35,000
365,114	343,636	322,159	300,682	279,205	257,727	236,252	214,773	193,295	171,818
2,045,455	2,045,455	2,045,455	2,045,455	2,045,455	2,045,455	2,045,455	2,045,455	2,045,455	2,045,455
20,000	20,000	20,000	20,000	20,000	20,000	20,000	20,000	20,000	20,000
100,000	100,000	100,000	100,000	100,000	100,000	100,000	100,000	100,000	100,000
132,100	132,100	132,100	132,100	132,100	1,035,100	1,035,100	1,035,100	1,035,100	1,035,100
266,914	261,522	256,130	250,737	245,345	239,953	234,561	232,943	231,325	229,708
1,293,662	1,253,966	1,213,347	1,171,784	1,129,256	1,085,738	1,041,209	995,646	949,023	901,316
180,000	180,000	180,000	180,000	180,000	180,000	180,000	180,000	180,000	180,000
4,438,244	4,371,678	4,304,190	4,235,758	4,166,360	4,998,973	4,927,575	4,858,916	4,789,198	4,718,396
414,736	383,262	352,710	323,102	294,460	-636,193	-662,835	-623,588	-583,282	-541,892
82,947	76,652	70,542	64,620	58,892	-127,239	-132,567	-124,718	-116,656	-108,378
331,789	306,609	282,168	258,482	235,568	-508,954	-530,268	-498,870	-466,626	-433,514

2,377,244	2,352,064	2,327,622	2,303,936	2,281,023	1,536,500	1,515,181	1,546,584	1,578,829	1,611,941
1,707,789	1,747,484	1,788,103	1,829,666	1,872,194	1,915,712	1,960,241	2,005,804	2,052,427	2,100,134
669,455	604,580	539,519	474,270	408,828	-379,212	-445,054	-459,220	-473,598	-488,193
4,593,418	5,197,997	5,737,517	6,211,787	6,620,615	6,241,404	5,796,350	5,337,130	4,863,531	4,375,338

55,317,853	53,570,369	51,782,266	49,952,600	48,080,406	46,164,694	44,204,453	42,198,649	40,146,222	38,046,088
8.14%	8.18%	8.22%	8.26%	8.30%	8.39%	8.47%	8.55%	8.64%	8.73%
62,131,112	61,822,002	61,514,429	61,208,387	60,903,868	60,300,860	59,703,821	59,957,161	59,363,526	58,775,769
2,485,244	2,472,880	2,460,577	2,448,335	2,436,155	2,412,034	2,388,153	2,374,541	2,351,031	
1,383,719	1,733,461	2,083,498	2,433,829	2,784,452	3,077,765	3,372,225	3,829,957	4,125,070	4,421,311
2,944,295	4,045,292	5,188,089	6,373,623	7,602,856	8,646,366	9,738,990	11,530,269	12,717,694	13,957,339

7,537,713	9,243,289	10,925,605	12,585,410	14,223,471	14,887,770	15,535,340	16,867,399	17,581,225	18,332,677
3,637,713	5,343,289	7,025,605	8,685,410	10,323,471	10,987,770	11,635,340	12,967,399	13,681,225	14,432,677
16.1%	18.7%	20.1%	20.7%	21.0%	20.4%	19.8%	19.5%	18.9%	18.3%

26年目	27年目	28年目	29年目	30年目	31年目	32年目	33年目	34年目	35年目
0.2%	0.2%	0.2%	0.2%	0.2%	0.2%	0.2%	0.2%	0.2%	0.2%
95.0%	95.0%	95.0%	95.0%	95.0%	95.0%	95.0%	95.0%	95.0%	95.0%
3,951,012	3,941,208	3,931,404	3,921,600	3,911,796	3,901,992	3,892,188	3,882,384	3,872,580	3,862,776
3,951,012	3,941,208	3,931,404	3,921,600	3,911,796	3,901,992	3,892,188	3,882,384	3,872,580	3,862,776
35,000	35,000	35,000	35,000	35,000	35,000	35,000	35,000	35,000	35,000
135,000	135,000	135,000	135,000	135,000	135,000	135,000	135,000	135,000	135,000
0	0	0	0	0	0	0	0	0	0
20,000	20,000	20,000	20,000	20,000	20,000	20,000	20,000	20,000	20,000
100,000	100,000	100,000	100,000	100,000	100,000	100,000	100,000	100,000	100,000
231,000	231,000	231,000	231,000	231,000	1,600,500	1,600,500	1,600,500	1,600,500	1,600,500
217,306	216,766	216,227	215,688	215,149	214,610	214,070	213,531	212,992	212,453
297,377	234,524	170,209	104,400	37,061					
180,000	180,000	180,000	180,000	180,000	180,000	180,000	180,000	180,000	180,000
1,215,683	1,152,290	1,087,437	1,021,088	953,210	2,285,110	2,284,570	2,284,031	2,283,492	2,282,953
2,735,329	2,788,918	2,843,967	2,900,512	2,958,586	1,616,882	1,607,618	1,598,353	1,589,088	1,579,823
547,066	557,784	568,793	580,102	591,717	323,376	321,524	319,671	317,818	315,965
2,188,263	2,231,134	2,275,174	2,320,410	2,366,869	1,293,506	1,286,094	1,278,682	1,271,270	1,263,859

2,188,263	2,231,134	2,275,174	2,320,410	2,366,869	1,293,506	1,286,094	1,278,682	1,271,270	1,263,859
2,704,073	2,766,505	2,831,241	2,897,050	2,964,389	0	0	0	0	0
-515,810	-535,792	-556,067	-576,640	-597,520	1,293,506	1,286,094	1,278,682	1,271,270	1,263,859
-3,151,935	-3,687,727	-4,243,793	-4,820,434	-5,417,954	-4,124,448	-2,838,354	-1,559,672	-288,401	975,458

11,459,606	8,692,680	5,861,439	2,964,389	0	0	0	0	0	0
10.33%	10.54%	10.75%	10.96%	11.18%	11.24%	11.29%	11.35%	11.41%	11.46%
49,857,968	48,880,361	47,921,922	46,982,277	46,061,056	45,831,896	45,603,877	45,376,992	45,151,236	44,926,603
1,994,319	1,955,214	1,916,877	1,879,291	1,842,442	1,833,276	1,824,155	1,815,080	1,806,049	1,797,064
5,572,730	5,385,029	5,201,009	5,020,597	4,843,723	4,799,724	4,755,944	4,712,382	4,669,037	4,625,908
30,831,314	32,847,437	34,942,597	37,117,999	39,374,891	39,198,896	39,023,777	38,849,530	38,676,149	38,503,631

27,679,379	29,159,711	30,698,804	32,297,566	33,956,937	35,074,448	36,185,423	37,289,858	38,387,748	39,479,088
23,779,379	25,259,711	26,798,804	28,397,566	30,056,937	31,174,448	32,285,423	33,389,858	34,487,748	35,579,088
13.7%	13.3%	13.0%	12.7%	12.4%	12.0%	11.7%	11.4%	11.1%	10.8%

163

▶ 上場企業勤務45歳
▶ 年収：1000万円
▶ 自己資金：2500万円
▶ 返済期間：30年

< 長期損益計画書 >

✿PLAC

		1年目	2年目	3年目	4年目	5年目
稼働率	家賃下落率	0.0%	-4.0%	-3.0%	3.0%	3.0%
	入居率	80.0%	95.0%	95.0%	95.0%	95.0%
収入	家賃	4,128,000	5,098,080	5,245,140	5,098,080	4,951,020
	合計	4,128,000	5,098,080	5,245,140	5,098,080	4,951,020
支出	租税公課 土地	35,000	35,000	35,000	35,000	35,000
	租税公課 建物	472,500	451,023	429,545	408,068	386,591
	減価償却費	2,045,455	2,045,455	2,045,455	2,045,455	2,045,455
	火災保険	20,000	20,000	20,000	20,000	20,000
	原状回復費用	100,000	100,000	100,000	100,000	100,000
	計画修繕費用	0	0	0	0	0
	管理費	227,040	280,394	288,483	280,394	272,306
	支払利息	770,061	748,209	726,093	703,710	681,057
	その他	180,000	180,000	180,000	180,000	180,000
	合計	3,850,055	3,860,080	3,824,575	3,772,627	3,720,409
経常利益		277,945	1,238,000	1,420,565	1,325,453	1,230,611
税金相当額		55,589	247,600	284,113	265,091	246,122
当期利益		222,356	990,400	1,136,452	1,060,362	984,489

< インカムゲイン >

	1年目	2年目	3年目	4年目	5年目
返済前キャッシュフロー	2,267,810	3,035,854	3,181,906	3,105,817	3,029,944
返済元金	1,811,027	1,832,879	1,854,995	1,877,378	1,900,031
返済後キャッシュフロー	456,783	1,202,975	1,326,911	1,228,439	1,129,913
累積キャッシュフロー	456,783	1,659,758	2,986,670	4,215,109	5,345,021

< キャピタルゲイン >

	1年目	2年目	3年目	4年目	5年目
期末残債	63,188,973	61,356,094	59,501,099	57,623,721	55,723,690
売却時利回り	7.94%	7.98%	8.02%	8.06%	8.10%
売却価格	65,000,000	67,263,682	66,285,488	62,113,629	61,804,606
売却時諸経費	2,600,000	2,690,547	2,651,420	2,484,545	2,472,184
譲渡所得税	0	1,465,617	1,908,173	1,124,361	1,823,878
売却手残り	-788,973	1,751,423	2,224,797	881,002	1,784,854

< 投資指標 >

	1年目	2年目	3年目	4年目	5年目
インカム＋キャピタル	-332,190	3,411,181	5,211,466	5,096,111	7,129,875
手残り-投下自己資金	-4,232,190	-488,819	1,311,466	1,196,111	3,229,875
内部収益率（IRR）		-6.9%	11.9%	9.5%	18.6%

		16年目	17年目	18年目	19年目	20年目	21年目	22年目	23年目	24年目	25年目
稼働率	家賃下落率	0.6%	0.6%	0.6%	0.6%	0.6%	0.6%	0.2%	0.2%	0.2%	0.2%
	入居率	95.0%	95.0%	95.0%	95.0%	95.0%	95.0%	95.0%	95.0%	95.0%	95.0%
収入	家賃	4,147,092	4,117,680	4,088,268	4,058,856	4,029,444	4,000,032	3,990,228	3,980,424	3,970,620	3,960,816
	合計	4,147,092	4,117,680	4,088,268	4,058,856	4,029,444	4,000,032	3,990,228	3,980,424	3,970,620	3,960,816
支出	租税公課 土地	35,000	35,000	35,000	35,000	35,000	35,000	35,000	35,000	35,000	35,000
	租税公課 建物	150,341	135,000	135,000	135,000	135,000	135,000	135,000	135,000	135,000	135,000
	減価償却費	2,045,455	2,045,455	2,045,455	2,045,455	2,045,455	2,045,455	2,045,455	0	0	0
	火災保険	20,000	20,000	20,000	20,000	20,000	20,000	20,000	20,000	20,000	20,000
	原状回復費用	100,000	100,000	100,000	100,000	100,000	100,000	100,000	100,000	100,000	100,000
	計画修繕費用	353,100	353,100	353,100	353,100	353,100	1,600,500	1,600,500	1,600,500	1,600,500	1,600,500
	管理費	228,090	226,472	224,855	223,237	221,619	220,002	219,463	218,923	218,384	217,845
	支払利息	413,090	386,930	360,455	333,661	306,543	279,097	251,321	223,210	194,759	165,965
	その他	180,000	180,000	180,000	180,000	180,000	180,000	180,000	180,000	180,000	180,000
	合計	3,525,075	3,481,957	3,453,865	3,425,452	3,396,717	4,615,054	4,586,738	2,512,633	2,483,643	2,454,310
経常利益		622,017	635,723	634,403	633,404	632,727	-615,022	-596,510	1,467,791	1,486,977	1,506,506
税金相当額		124,403	127,145	126,881	126,681	126,545	-123,004	-119,302	293,558	297,395	301,301
当期利益		497,613	508,578	507,523	506,724	506,182	-492,017	-477,208	1,174,233	1,189,582	1,205,205

< インカムゲイン >

	16年目	17年目	18年目	19年目	20年目	21年目	22年目	23年目	24年目	25年目
返済前キャッシュフロー	2,543,068	2,554,033	2,552,977	2,552,178	2,551,636	1,553,437	1,568,246	1,174,233	1,189,582	1,205,205
返済元金	2,167,998	2,194,157	2,220,633	2,247,427	2,274,545	2,301,990	2,329,767	2,357,878	2,386,329	2,415,123
返済後キャッシュフロー	375,070	359,875	332,345	304,750	277,091	-748,553	-761,520	-1,183,645	-1,196,747	-1,209,918
累積キャッシュフロー	9,268,673	9,628,548	9,960,893	10,265,643	10,542,735	9,794,181	9,032,661	7,849,016	6,652,268	5,442,350

< キャピタルゲイン >

	16年目	17年目	18年目	19年目	20年目	21年目	22年目	23年目	24年目	25年目
期末残債	33,247,680	31,053,523	28,832,890	26,585,463	24,310,918	22,008,928	19,679,161	17,321,283	14,934,954	12,519,831
売却時利回り	8.81%	8.90%	8.99%	9.08%	9.17%	9.36%	9.54%	9.73%	9.93%	10.13%
売却価格	58,193,830	57,617,654	57,047,182	56,482,358	55,923,127	54,826,595	53,967,868	52,909,674	51,872,230	50,855,127
売却時諸経費	2,327,753	2,304,706	2,281,887	2,259,294	2,236,925	2,193,064	2,158,715	2,116,387	2,074,889	2,034,205
譲渡所得税	4,718,670	5,017,135	5,316,695	5,617,340	5,919,059	6,117,615	6,361,831	6,158,657	5,959,468	5,764,184
売却手残り	17,899,727	19,242,290	20,615,709	22,020,261	23,456,225	24,506,988	25,768,161	27,313,347	28,902,918	30,536,906

< 投資指標 >

	16年目	17年目	18年目	19年目	20年目	21年目	22年目	23年目	24年目	25年目
インカム＋キャピタル	27,168,400	28,870,838	30,576,602	32,285,904	33,998,960	34,301,169	34,800,822	35,162,363	35,555,187	35,979,257
手残り-投下自己資金	23,268,400	24,970,838	26,676,602	28,385,904	30,098,960	30,401,169	30,900,822	31,262,363	31,655,187	32,079,257
内部収益率（IRR）	25.2%	24.8%	24.5%	24.2%	23.9%	23.5%	23.2%	22.9%	22.6%	22.4%

6年目	7年目	8年目	9年目	10年目	11年目	12年目	13年目	14年目	15年目
2.0%	2.0%	2.0%	2.0%	2.0%	2.0%	2.0%	0.6%	0.6%	0.6%
95.0%	95.0%	95.0%	95.0%	95.0%	95.0%	95.0%	95.0%	95.0%	95.0%
4,852,980	4,754,940	4,656,900	4,558,860	4,460,820	4,362,780	4,264,740	4,235,328	4,205,916	4,176,504
4,852,980	4,754,940	4,656,900	4,558,860	4,460,820	4,362,780	4,264,740	4,235,328	4,205,916	4,176,504
35,000	35,000	35,000	35,000	35,000	35,000	35,000	35,000	35,000	35,000
365,114	343,636	322,159	300,682	279,205	257,727	236,250	214,773	193,295	171,818
2,045,455	2,045,455	2,045,455	2,045,455	2,045,455	2,045,455	2,045,455	2,045,455	2,045,455	2,045,455
20,000	20,000	20,000	20,000	20,000	20,000	20,000	20,000	20,000	20,000
100,000	100,000	100,000	100,000	100,000	100,000	100,000	100,000	100,000	100,000
132,100	132,100	132,100	132,100	132,100	1,035,100	1,035,100	1,035,100	1,035,100	1,035,100
266,914	261,522	256,130	250,737	245,345	239,953	234,561	232,943	231,325	229,708
658,131	634,928	611,445	587,679	563,626	539,283	514,646	489,712	464,477	438,938
180,000	180,000	180,000	180,000	180,000	180,000	180,000	180,000	180,000	180,000
3,802,713	3,752,641	3,702,288	3,651,653	3,600,730	4,452,518	4,401,012	4,352,982	4,304,653	4,256,018
1,050,267	1,002,299	954,612	907,207	860,090	-89,738	-136,272	-117,654	-98,737	-79,514
210,053	200,460	190,922	181,441	172,018	-17,948	-27,254	-23,531	-19,747	-15,903
840,214	801,839	763,689	725,766	688,072	-71,790	-109,017	-94,124	-78,989	-63,611

2,885,668	2,847,294	2,809,144	2,771,220	2,733,526	1,973,664	1,936,437	1,951,331	1,966,465	1,981,843
1,922,957	1,946,160	1,969,643	1,993,409	2,017,462	2,041,805	2,066,442	2,091,376	2,116,621	2,142,150
962,711	901,134	839,501	777,812	716,065	-68,140	-130,004	-140,045	-150,145	-160,307
6,307,733	7,208,867	8,048,368	8,826,180	9,542,245	9,474,104	9,344,100	9,204,055	9,053,910	8,893,603

53,800,733	51,854,574	49,884,931	47,891,523	45,874,061	43,832,256	41,765,815	39,674,439	37,557,828	35,415,678
8.14%	8.18%	8.22%	8.26%	8.30%	8.39%	8.47%	8.55%	8.64%	8.73%
62,131,112	61,822,002	61,514,429	61,208,387	60,903,868	60,300,860	59,703,821	59,957,161	59,363,526	58,775,769
2,485,244	2,472,880	2,460,577	2,448,335	2,436,155	2,412,034	2,388,153	2,398,286	2,374,541	2,351,031
1,383,719	1,733,461	2,083,498	2,433,829	2,784,452	3,077,765	3,372,225	3,829,957	4,125,070	4,421,311
4,461,415	5,761,087	7,085,423	8,434,701	9,809,201	10,978,804	12,177,629	14,054,479	15,306,081	16,587,748

10,769,147	12,969,954	15,133,792	17,260,881	19,351,445	20,452,908	21,521,729	23,258,534	24,359,997	25,481,351
6,869,147	9,069,954	11,233,792	13,360,881	15,451,445	16,552,908	17,621,729	19,358,534	20,459,997	21,581,351
26.7%	28.1%	28.6%	28.7%	28.5%	27.8%	27.2%	26.7%	26.1%	25.6%

26年目	27年目	28年目	29年目	30年目	31年目	32年目	33年目	34年目	35年目
0.2%	0.2%	0.2%	0.2%	0.2%	0.2%	0.2%	0.2%	0.2%	0.2%
95.0%	95.0%	95.0%	95.0%	95.0%	95.0%	95.0%	95.0%	95.0%	95.0%
3,951,012	3,941,208	3,931,404	3,921,600	3,911,796	3,901,992	3,892,188	3,882,384	3,872,580	3,862,776
3,951,012	3,941,208	3,931,404	3,921,600	3,911,796	3,901,992	3,892,188	3,882,384	3,872,580	3,862,776
35,000	35,000	35,000	35,000	35,000	35,000	35,000	35,000	35,000	35,000
135,000	135,000	135,000	135,000	135,000	135,000	135,000	135,000	135,000	135,000
0	0	0	0	0	0	0	0	0	0
20,000	20,000	20,000	20,000	20,000	20,000	20,000	20,000	20,000	20,000
100,000	100,000	100,000	100,000	100,000	100,000	100,000	100,000	100,000	100,000
231,000	231,000	231,000	231,000	231,000	1,600,500	1,600,500	1,600,500	1,600,500	1,600,500
217,306	216,766	216,227	215,688	215,149	214,610	214,070	213,531	212,992	212,453
136,824	107,331	77,482	47,273	16,699					
180,000	180,000	180,000	180,000	180,000	180,000	180,000	180,000	180,000	180,000
1,055,129	1,025,097	994,709	963,961	932,848	2,285,110	2,284,570	2,284,031	2,283,492	2,282,953
2,895,883	2,916,111	2,936,695	2,957,639	2,978,948	1,616,882	1,607,618	1,598,353	1,589,088	1,579,823
579,177	583,222	587,339	591,528	595,790	323,376	321,524	319,671	317,818	315,965
2,316,706	2,332,889	2,349,356	2,366,111	2,383,159	1,293,506	1,286,094	1,278,682	1,271,270	1,263,859

2,316,706	2,332,889	2,349,356	2,366,111	2,383,159	1,293,506	1,286,094	1,278,682	1,271,270	1,263,859
2,444,264	2,473,757	2,503,606	2,533,815	2,564,389					
-127,558	-140,868	-154,250	-167,704	-181,230	1,293,506	1,286,094	1,278,682	1,271,270	1,263,859
5,314,792	5,173,924	5,019,674	4,851,970	4,670,740	5,964,246	7,250,340	8,529,022	9,800,293	11,064,152

10,075,567	7,601,810	5,098,204	2,564,389	0	0	0	0	0	0
10.33%	10.54%	10.75%	10.96%	11.18%	11.24%	11.29%	11.35%	11.41%	11.46%
49,857,968	48,880,361	47,921,922	46,982,277	46,061,056	45,831,896	45,603,877	45,376,992	45,151,236	44,926,603
1,994,319	1,955,214	1,916,877	1,879,291	1,842,442	1,833,276	1,824,155	1,815,080	1,806,028	1,797,064
5,572,730	5,385,029	5,201,009	5,020,597	4,843,723	4,799,724	4,755,944	4,712,382	4,669,037	4,625,908
32,215,352	33,938,307	35,705,832	37,518,000	39,374,891	39,198,896	39,023,777	38,849,530	38,676,149	38,503,631

37,530,145	39,112,231	40,725,506	42,369,970	44,045,631	45,163,142	46,274,117	47,378,552	48,476,442	49,567,782
33,630,145	35,212,231	36,825,506	38,469,970	40,145,631	41,263,142	42,374,117	43,478,552	44,576,442	45,667,782
22.2%	22.0%	21.9%	21.8%	21.6%	21.5%	21.4%	21.3%	21.3%	21.2%

< 長期損益計画書 >

✿PLAC

稼働率		1年目	2年目	3年目	4年目	5年目
稼働率	家賃下落率	0.2%	0.2%	0.2%	0.2%	0.2%
	入居率	95.0%	95.0%	95.0%	95.0%	95.0%
収入	家賃	4,323,336	4,314,672	4,306,008	4,297,344	4,288,680
	合計	4,323,336	4,314,672	4,306,008	4,297,344	4,288,680
支出	租税公課 土地	61,250	61,250	61,250	61,250	61,250
	租税公課 建物	105,000	78,750	52,500	30,000	30,000
	減価償却費	2,500,000	2,500,000	2,500,000	2,500,000	0
	火災保険	20,000	20,000	20,000	20,000	20,000
	原状回復費用	100,000	100,000	100,000	100,000	100,000
	計画修繕費用	1,600,500	1,600,500	1,600,500	1,600,500	1,600,500
	管理費	237,783	237,307	236,830	236,354	235,877
	支払利息	1,388,596	1,354,137	1,318,310	1,281,061	1,242,333
	その他	180,000	180,000	180,000	180,000	180,000
	合計	6,193,129	6,131,944	6,069,391	6,009,165	3,469,960
経常利益		-1,869,793	-1,817,272	-1,763,383	-1,711,821	818,720
税金相当額		-373,959	-363,454	-352,677	-342,364	163,744
当期利益		-1,495,835	-1,453,818	-1,410,706	-1,369,457	654,976

< インカムゲイン >

	1年目	2年目	3年目	4年目	5年目
返済前キャッシュフロー	1,004,165	1,046,182	1,089,294	1,130,543	654,976
返済元金	867,874	902,333	938,160	975,409	1,014,137
返済後キャッシュフロー	136,291	143,850	151,134	155,134	-359,161
累積キャッシュフロー	136,291	280,141	431,275	586,410	227,249

< キャピタルゲイン >

	1年目	2年目	3年目	4年目	5年目
期末残債	35,132,126	34,229,793	33,291,634	32,316,225	31,302,087
売却時利回り	10.13%	10.18%	10.23%	10.29%	10.34%
売却価格	44,910,000	44,686,567	44,464,246	44,243,031	44,022,916
売却時諸経費	1,796,400	1,787,463	1,778,570	1,769,721	1,760,917
譲渡所得税	245,440	1,159,642	2,074,270	2,989,324	2,904,800
売却手残り	7,736,034	7,509,669	7,319,772	7,167,761	8,055,112

< 投資指標 >

	1年目	2年目	3年目	4年目	5年目
インカム＋キャピタル	7,872,325	7,789,810	7,751,047	7,754,171	8,282,361
手残り-投下自己資金	-3,827,675	-3,910,190	-3,948,953	-3,945,829	-3,417,639
内部収益率（IRR）	-32.7%	-18.5%	-13.0%	-10.0%	-6.9%

稼働率		16年目	17年目	18年目	19年目	20年目	21年目	22年目	23年目	24年目	25年目
稼働率	家賃下落率	0.0%	0.0%	0.0%	0.0%	0.0%	0.0%	0.0%	0.0%	0.0%	0.0%
	入居率	95.0%	95.0%	95.0%	95.0%	95.0%	95.0%	95.0%	95.0%	95.0%	95.0%
収入	家賃	4,236,696	4,236,696	4,236,696	4,236,696	4,236,696	4,236,696	4,236,696	4,236,696	4,236,696	4,236,696
	合計	4,236,696	4,236,696	4,236,696	4,236,696	4,236,696	4,236,696	4,236,696	4,236,696	4,236,696	4,236,696
支出	租税公課 土地	61,250	61,250	61,250	61,250	61,250	61,250	61,250	61,250	61,250	61,250
	租税公課 建物	30,000	30,000	30,000	30,000	30,000	30,000	30,000	30,000	30,000	30,000
	減価償却費	0	0	0	0	0	0	0	0	0	0
	火災保険	20,000	20,000	20,000	20,000	20,000	20,000	20,000	20,000	20,000	20,000
	原状回復費用	100,000	100,000	100,000	100,000	100,000	100,000	100,000	100,000	100,000	100,000
	計画修繕費用	231,000	231,000	231,000	231,000	231,000	1,600,500	1,600,500	1,600,500	1,600,500	1,600,500
	管理費	233,018	233,018	233,018	233,018	233,018	233,018	233,018	233,018	233,018	233,018
	支払利息	700,121	638,326	574,078	507,280	437,828	365,620	290,544	212,487	131,332	46,954
	その他	180,000	180,000	180,000	180,000	180,000	180,000	180,000	180,000	180,000	180,000
	合計	1,555,389	1,493,595	1,429,347	1,362,548	1,293,097	2,590,388	2,515,312	2,437,256	2,356,100	2,271,722
経常利益		2,681,307	2,743,101	2,807,349	2,874,148	2,943,599	1,646,308	1,721,384	1,799,440	1,880,596	1,964,974
税金相当額		536,261	548,620	561,470	574,830	588,720	329,262	344,277	359,888	376,119	392,995
当期利益		2,145,046	2,194,481	2,245,879	2,299,319	2,354,879	1,317,046	1,377,107	1,439,552	1,504,477	1,571,979

< インカムゲイン >

	16年目	17年目	18年目	19年目	20年目	21年目	22年目	23年目	24年目	25年目
返済前キャッシュフロー	2,145,046	2,194,481	2,245,879	2,299,319	2,354,879	1,317,046	1,377,107	1,439,552	1,504,477	1,571,979
返済元金	1,556,349	1,618,143	1,682,391	1,749,190	1,818,641	1,890,850	1,965,926	2,043,982	2,125,138	2,209,516
返済後キャッシュフロー	588,697	576,338	563,488	550,128	536,238	-573,804	-588,819	-604,430	-620,661	-637,537
累積キャッシュフロー	1,907,466	2,483,804	3,047,292	3,597,420	4,133,658	3,559,855	2,971,036	2,366,606	1,745,944	1,108,407

< キャピタルゲイン >

	16年目	17年目	18年目	19年目	20年目	21年目	22年目	23年目	24年目	25年目
期末残債	17,103,779	15,485,635	13,803,244	12,054,054	10,235,412	8,344,562	6,378,637	4,334,654	2,209,516	0
売却時利回り	10.92%	10.98%	11.03%	11.09%	11.14%	11.20%	11.25%	11.31%	11.37%	11.42%
売却価格	41,756,259	41,548,517	41,341,808	41,136,127	40,931,470	40,727,831	40,525,205	40,323,587	40,122,972	39,923,355
売却時諸経費	1,670,250	1,661,941	1,653,672	1,645,445	1,637,259	1,629,113	1,621,008	1,612,943	1,604,919	1,596,934
譲渡所得税	1,017,202	977,315	937,627	898,136	858,842	819,743	780,839	742,129	703,611	665,284
売却手残り	21,965,029	23,423,626	24,947,264	26,538,492	28,199,957	29,934,412	31,744,721	33,633,860	35,604,926	37,661,137

< 投資指標 >

	16年目	17年目	18年目	19年目	20年目	21年目	22年目	23年目	24年目	25年目
インカム＋キャピタル	23,872,495	25,907,429	27,994,556	30,135,912	32,333,615	33,494,266	34,715,756	36,000,466	37,350,871	38,769,544
手残り-投下自己資金	12,172,495	14,207,429	16,294,556	18,435,912	20,633,615	21,794,266	23,015,756	24,300,466	25,650,871	27,069,544
内部収益率（IRR）	5.0%	5.2%	5.4%	5.6%	5.7%	5.6%	5.6%	5.5%	5.4%	5.4%

6年目	7年目	8年目	9年目	10年目	11年目	12年目	13年目	14年目	15年目
0.2%	0.2%	0.2%	0.2%	0.2%	0.2%	0.2%	0.2%	0.2%	0.2%
95.0%	95.0%	95.0%	95.0%	95.0%	95.0%	95.0%	95.0%	95.0%	95.0%
4,280,016	4,271,352	4,262,688	4,254,024	4,245,360	4,236,696	4,236,696	4,236,696	4,236,696	4,236,696
4,280,016	4,271,352	4,262,688	4,254,024	4,245,360	4,236,696	4,236,696	4,236,696	4,236,696	4,236,696
61,250	61,250	61,250	61,250	61,250	61,250	61,250	61,250	61,250	61,250
30,000	30,000	30,000	30,000	30,000	30,000	30,000	30,000	30,000	30,000
0	0	0	0	0	0	0	0	0	0
20,000	20,000	20,000	20,000	20,000	20,000	20,000	20,000	20,000	20,000
100,000	100,000	100,000	100,000	100,000	100,000	100,000	100,000	100,000	100,000
231,000	231,000	231,000	231,000	231,000	1,600,500	1,600,500	1,600,500	1,600,500	1,600,500
235,401	234,924	234,448	233,971	233,495	233,018	233,018	233,018	233,018	233,018
1,202,066	1,160,202	1,116,675	1,071,419	1,024,367	975,447	924,584	871,702	816,720	759,555
180,000	180,000	180,000	180,000	180,000	180,000	180,000	180,000	180,000	180,000
2,059,717	2,017,376	1,973,372	1,927,641	1,880,112	3,200,215	3,149,353	3,096,470	3,041,489	2,984,324
2,220,299	2,253,976	2,289,316	2,326,383	2,365,248	1,036,481	1,087,343	1,140,226	1,195,207	1,252,372
444,060	450,795	457,863	465,277	473,050	207,296	217,469	228,045	239,041	250,474
1,776,239	1,803,181	1,831,452	1,861,107	1,892,198	829,185	869,875	912,180	956,166	1,001,898

6年目	7年目	8年目	9年目	10年目	11年目	12年目	13年目	14年目	15年目
1,776,239	1,803,181	1,831,452	1,861,107	1,892,198	829,185	869,875	912,180	956,166	1,001,898
1,054,403	1,096,268	1,139,795	1,185,050	1,232,103	1,281,023	1,331,886	1,384,768	1,439,750	1,496,914
721,836	706,913	691,657	676,056	660,096	-451,838	-462,011	-472,587	-483,584	-495,017
949,084	1,655,997	2,347,654	3,023,710	3,683,806	3,231,968	2,769,957	2,297,370	1,813,786	1,318,770

6年目	7年目	8年目	9年目	10年目	11年目	12年目	13年目	14年目	15年目
30,247,684	29,151,416	28,011,621	26,826,570	25,594,468	24,313,445	22,981,559	21,596,792	20,157,042	18,660,128
10.39%	10.44%	10.49%	10.55%	10.60%	10.65%	10.70%	10.76%	10.81%	10.87%
43,803,897	43,585,967	43,369,121	43,153,355	42,938,661	42,725,036	42,597,669	42,385,740	42,174,866	41,965,041
1,752,156	1,743,439	1,734,765	1,726,134	1,717,546	1,709,001	1,703,907	1,695,430	1,686,995	1,678,602
1,410,348	1,368,506	1,326,871	1,285,444	1,244,223	1,203,207	1,178,752	1,138,062	1,097,574	1,057,288
10,393,709	11,322,607	12,295,864	13,315,206	14,382,424	15,499,383	16,733,450	17,955,457	19,233,255	20,569,024

6年目	7年目	8年目	9年目	10年目	11年目	12年目	13年目	14年目	15年目
11,342,793	12,978,603	14,643,518	16,338,916	18,066,230	18,731,351	19,503,407	20,252,827	21,047,041	21,887,793
-357,207	1,278,603	2,943,518	4,638,916	6,366,230	7,031,351	7,803,407	8,552,827	9,347,041	10,187,793
-0.5%	1.5%	3.0%	4.0%	4.7%	4.7%	4.7%	4.7%	4.7%	4.7%

26年目	27年目	28年目	29年目	30年目	31年目	32年目	33年目	34年目	35年目
0.0%	0.0%	0.0%	0.0%	0.0%	0.0%	0.0%	0.0%	0.0%	0.0%
95.0%	95.0%	95.0%	95.0%	95.0%	95.0%	95.0%	95.0%	95.0%	95.0%
4,236,696	4,236,696	4,236,696	4,236,696	4,236,696	4,236,696	4,236,696	4,236,696	4,236,696	4,236,696
4,236,696	4,236,696	4,236,696	4,236,696	4,236,696	4,236,696	4,236,696	4,236,696	4,236,696	4,236,696
61,250	61,250	61,250	61,250	61,250	61,250	61,250	61,250	61,250	61,250
30,000	30,000	30,000	30,000	30,000	30,000	30,000	30,000	30,000	30,000
0	0	0	0	0	0	0	0	0	0
20,000	20,000	20,000	20,000	20,000	20,000	20,000	20,000	20,000	20,000
100,000	100,000	100,000	100,000	100,000	100,000	100,000	100,000	100,000	100,000
231,000	231,000	231,000	231,000	231,000	1,600,500	1,600,500	1,600,500	1,600,500	1,600,500
233,018	233,018	233,018	233,018	233,018	233,018	233,018	233,018	233,018	233,018
180,000	180,000	180,000	180,000	180,000	180,000	180,000	180,000	180,000	180,000
855,268	855,268	855,268	855,268	855,268	2,224,768	2,224,768	2,224,768	2,224,768	2,224,768
3,381,428	3,381,428	3,381,428	3,381,428	3,381,428	2,011,928	2,011,928	2,011,928	2,011,928	2,011,928
676,286	676,286	676,286	676,286	676,286	402,386	402,386	402,386	402,386	402,386
2,705,142	2,705,142	2,705,142	2,705,142	2,705,142	1,609,542	1,609,542	1,609,542	1,609,542	1,609,542

26年目	27年目	28年目	29年目	30年目	31年目	32年目	33年目	34年目	35年目
2,705,142	2,705,142	2,705,142	2,705,142	2,705,142	1,609,542	1,609,542	1,609,542	1,609,542	1,609,542
0	0	0	0	0	0	0	0	0	0
2,705,142	2,705,142	2,705,142	2,705,142	2,705,142	1,609,542	1,609,542	1,609,542	1,609,542	1,609,542
3,813,550	6,518,692	9,223,834	11,928,976	14,634,118	16,243,660	17,853,203	19,462,745	21,072,287	22,681,829

26年目	27年目	28年目	29年目	30年目	31年目	32年目	33年目	34年目	35年目
0	0	0	0	0	0	0	0	0	0
11.48%	11.54%	11.59%	11.65%	11.71%	11.77%	11.83%	11.89%	11.95%	12.01%
39,724,731	39,527,096	39,330,444	39,134,770	38,940,070	38,746,338	38,553,570	38,361,761	38,170,907	37,981,002
1,588,989	1,581,084	1,573,218	1,565,391	1,557,603	1,549,854	1,542,143	1,534,470	1,526,836	1,519,240
627,148	589,202	551,445	513,876	476,493	439,297	402,285	365,458	328,814	292,352
37,508,594	37,356,810	37,205,781	37,055,503	36,905,973	36,757,187	36,609,142	36,461,833	36,315,256	36,169,409

26年目	27年目	28年目	29年目	30年目	31年目	32年目	33年目	34年目	35年目
41,322,143	43,875,501	46,429,615	48,984,479	51,540,092	53,000,848	54,462,344	55,924,577	57,387,543	58,851,238
29,622,143	32,175,501	34,729,615	37,284,479	39,840,092	41,300,848	42,762,344	44,224,577	45,687,543	47,151,238
5.4%	5.5%	5.5%	5.6%	5.6%	5.5%	5.5%	5.5%	5.5%	5.4%

✻ さまざまな道のりがある

　結果を見ると、一時的にキャッシュフローがマイナスになることがあります。ただ、重要なのは新築・中古関係なく、表の下部のインカム＋キャピタルゲインの合計利益です。

　自己資金に対する利益率で見ると、一番悪い中古物件でも、一般的な投資信託などに比べれば高い利回りで安定しています。新築の利回りは高い想定となっていますが、これでもかなりのストレスをかけてシミュレーションしています。いずれのパターンも修繕費や家賃下落率、空室率、売却時利回りはかなり厳しい条件で設定しているため、実際にはこれより悪くなる確率は低いでしょう。

　また、売却時期はキャッシュフローが赤字になる前のタイミングが最も利益を出しやすいことがわかる一方、条件によっては長期保有で儲ける計画も立てられそうです。

　いかがでしたでしょうか？　30年〜35年後までの収益の目途が、ある程度見える化できたのではないかと思います。ただし、これはあくまでもモデルであり、シミュレーションに過ぎません。そのため、これが一概に正しいということではありません。

　そして、ここから先はどうしても本書だけでは解決しきれない部分があります。目標まで実際にどういうルートを辿っていけるのか、もしくはその目標は本当に現実的なのか。時代や住んでいるエリア、使える銀行によって、常に条件が変わるためです。

　そこで、やはりこういう時にはプロのアドバイスをもらうのが一番です。先ほどお話したような信頼できる会社を探して、二人三脚で戦略を練っていき、あとはその戦略をせっせとこなしていくだけ、とい

う状況を作りましょう。そのためにも、信頼できるパートナーを見つけることがとても大切になってきます。

　なお、このツールの特長は、国交省の計画修繕ガイドブックにある修繕費用を、時期ごとに変えて採算に入れていることです。ここまで詳細に修繕費を見積もるツールはあまりありませんので、ぜひ巻末のシミュレーションツールとセットで活用してください。

⟍結論⟋

7 実行のために将来を見据える

● このツールの特長は、修繕費も加味したシミュレーションという点

● 重要なのは、インカムゲイン＋キャピタルゲインの合計利益

● 利益を出しやすい時期を見極め、売却／保有の判断に生かす

● シミュレーションをもとに、プロのアドバイスを受ける

第4章：副業するなら
新築×木造×一棟アパートから始めよう　まとめ

成功する不動産投資を実践するためのフロー

①「**コスト**」「**空室**」「**出口**」の3大リスクを回避する。

②ローリスク・ミドルリターンを目指して、首都圏の都心から**電車で1時間以内**の「**新築×木造×一棟アパート**」から始める。

③不動産投資の**目的と目標を定める**。

④**自分の属性を整理**して、融資をしてくれる**金融機関と融資条件を把握**する。

⑤**融資を受けられる物件を探す**。

⑥良さそうな物件があったら、**まず買い付けを入れてから****シミュレーション・検討する**。

⑦物件を管理するため、**伴走する上で信頼できる会社**を見つける。

第 **5** 章

Q&A

〜すべての疑問を解消して、よりよい不動産 "経営" をしよう〜

Q.1

不動産投資はお金持ちでないと
できない？

どうしても不動産投資はハードルが高く、
富裕層の資産形成・資産運用方法という
イメージがあるのですが……。

A 実質的には自己資金500万円から

　お金持ちをどう定義するかにもよりますが、最低でも500万円程度の自己資金から始めることをおすすめします。

　自己資金500万円以下でできる不動産投資（区分マンションなど）もあるにはあります。場合によっては「自己資金なしでもできます」と謳っているところもあるでしょう。ですが、本書でも解説してきた通り、価格が安い物件には安いなりのリスクがあります。入居が極端につかない物件や立地だったり、管理費や修繕費がかさんだり、というケースです。こうした物件は収益化が困難、かつ手間もかかるためにおすすめできません。

そこでまずは、500万円を貯める・作るところからすでに不動産投資が始まっていると思ってください。

　そのうえで理想を言えば、本書でもたびたび解説している通り年収700万円以上、自己資金1000万円以上で、できるだけリスクも手間もない新築×木造×一棟アパートの不動産投資から始めることをおすすめします。

Q.2 投資物件は現金で購入したほうがよい？

大きな金額の借金を背負うのは怖い……。
持っているなら、現金で始めたほうがよいのでは？

CASH　＞　¥ ＋ ¥ ＋ ¥　LOAN

A 融資を使うほうが利益を
出しやすい

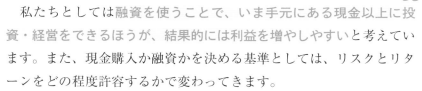

　私たちとしては融資を使うことで、いま手元にある現金以上に投資・経営をできるほうが、結果的には利益を増やしやすいと考えています。また、現金購入か融資かを決める基準としては、リスクとリターンをどの程度許容するかで変わってきます。

　一般的に大きな借金をするのは怖いと思われる方が多いかと思いますが、これは恐らく「お金を借りる行為」に対する一般的なイメージによるもので、むしろ現金一括で購入したほうがリスクは高い場合があります。それは、自己資金が枯渇するために、何かあった場合の急な出費に耐えられなくなる可能性があるからです。

　例えば、自己資金が2500万円あり、2000万円台の物件を一括で自己

資金で購入した場合、諸経費が6％程度かかるため、合計で2120万円の支出となり、残金は380万円です。

本文中でも紹介しましたが、急な修繕などが発生した場合、一気に資金繰りが苦しくなり、最悪の場合は現金不足に陥り、購入した不動産を投げ売りしなければならなくなるかもしれません。

では、同じように2500万円の自己資金を持った状態で、融資を受けた場合はどうなるでしょうか。

例えば価格が8000万円で、利回り8％の物件をフルローンで購入した場合を考えてみましょう。満室と想定して、年収640万円、ノンバンク想定で借り入れ金利2.3％、35年ローンの場合、返済額は約333万円／年となります。

この試算であれば自己資金を温存しつつ、返済額も満室想定時のおよそ半分のため、修繕費などの突発的な出費が発生した時にも耐えられる体力が大きくなります。

✕ 現金購入もあり

すでに融資を受けているために新たな融資を受けられないケース、あるいは耐用年数が残っていない、もしくは再建築ができない物件であるために融資が受けられないこともあります。このような場合には、現金購入を検討しても良いでしょう。

不動産投資は、現金か融資かにかかわらず利益を出せるビジネスです。前述の通り、融資の方がより有利であることは間違いありませんが、融資が通らない場合は現金購入でも十分に利益が狙えます。

融資が受けられる時は融資を優先して、融資を受けられない場合は現金で購入するようにしましょう。

Q.3　初年度から利益が出るの？

初めから利益が出ることなんて
あるの？

A　初年度から利益は出せる

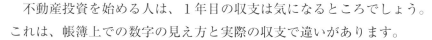

　不動産投資を始める人は、1年目の収支は気になるところでしょう。これは、帳簿上での数字の見え方と実際の収支で違いがあります。

　キャッシュフローで言えば当然、初年度には購入の初期費用がかかりますから、おそらく赤字（出て行くお金が多い状態）になると思います。ただ、こうした経費や自己資金を支払った分などを除いて、事業体として1年目から利益が出るかという点で言えば、利益は出せます。

　もちろん、これは入居者が確保できればという前提ですが、中古物件であればすでに入居者がついていますし、私たちの場合は新築でも3カ月目ぐらいまでには満室にはしていますから、心配は不要です。

　収支計画通りに進めることで、毎月のキャッシュフローが生まれ、さらに返済までしたうえで手元にお金が残ります。

　つまり、初年度から利益は出せると言えるでしょう。

Q.4　物件は短期間で売却すべき？

短期？　長期？
どれくらいで売却を考えるべき？

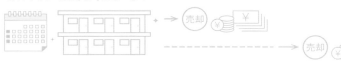

　短くても、10年は持ちたい

　これは考え方にもよりますが、投資物件を短期で売買すればするほど付随する諸費用がかかるため、私たちとしてはあまりおすすめしていません。

　物件売却の諸費用には、手数料、諸経費など、大小さまざまな費用がかかります。また、売却時の譲渡所得税にも影響します。例えば、取得後５年未満での売却＝短期譲渡であれば約39％の税率となるところが、５年以上での売却＝長期譲渡であれば約20％前後の税率（次ページの図5-1）で済みます。この違いは非常に大きいところです。

　こういったことも含め、よほど儲からない限りはうま味がないため、短期での売買はやらないほうがよいでしょう。

第5章　Q&A ～すべての疑問を解消して、よりよい不動産"経営"をしよう～

177

	所有期間	所得税	住民税	合計
短期譲渡所得	5年超	15%	5%	20%
長期譲渡所得	5年以下	30%	9%	39%

【図 5-1　譲渡所得税の種類 (小数点以下は省略)】

　前述の通り、基本的には不動産投資は月々のインカムゲインでキャッシュフローを生み出すことをメインに狙うビジネスだと私たちは考えます。賃貸経営はオーナーさんが保有しているあいだ、入居者がオーナーさんのために継続的に借金を返済してくれているようなものなのです。

　すなわち、長期で持てば持つだけ返済が進んでいき、持っている物件が徐々に資産化され、自分の利益が増えていく。そう考えれば、長期的な視野で運用／経営することを考えたほうがよいでしょう。

　そう考えると、早くてもおよそ10年目くらいで売却するかどうかを事前に検討しておく。これぐらいのイメージをおすすめします。

Q.5 土地勘のあるエリアで
買ったほうがよい？

自分が住みたい町で
物件が買えたらよいけど……？

A 土地勘があるから儲かるわけ
ではない

　購入物件を検討する際、どうしても自分の土地勘のある地域の物件
に目が向きがちです。勝手知ったる面があるため、知らない土地より
も目が利くと感じるからだと思います。

　ただ、私たちの経験上、土地勘のあるエリアは人気の町であること
が多く、また、皆さん揃って厳しい目線で検討するため、いざ購入し
ようとする際に足踏みしてしまうケースが多いように思います。逆に、
土地勘のないエリアのほうが一歩を踏み出しやすいようです。

　結論としては、あくまでも投資判断なので、儲かるか儲からないか
で判断する、この一点に尽きます。したがって、土地勘は基本的に必
要ありません。

　また、この家だったら自分が住みたいか、住みたくないか、という視
点で物件を見る方もいらっしゃいますが、そんな時にまずお伝えした
いのは、「あなたが住むわけではない、ということを忘れないようにし

ましょう」ということです。私たちが紹介している物件は、その多くが
ワンルームの間取りですから、ターゲットとしては学生や社会人など
の若い方がボリュームゾーンになります。そこでまずは、こうした人
たちにとって住みやすいかどうか、魅力的かどうかを基準にすべきで
しょう。

✿ どうしても減点方式で見てしまう

　土地勘があるがゆえに迷路に迷い込む方が一定数いらっしゃいます。
「この駅、あまり雰囲気が良くないから」、「今後の発展は見込めない
な」などと、投資にとってはあまり重要ではない部分を気にされてい
るケースです。ここは冒頭で述べた経済動向のデータなどを中心に、
自分で調べたり、信頼できる営業パーソンの方に相談することで、物
件価値や賃料相場などにおいて何が重要なのかを掴み、当を得た判断
をできるようにしましょう。

　判断の軸がない場合、知っている情報が多いことが足かせとなり、
その情報に振り回されれば減点法式で見るようになってしまったり、
どちらかというとネガティブな見方に偏る傾向になってしまったりす
るでしょう。そして、買い控えて機会損失をする、あるいはより良い
物件を得る機会を失う、といったこともあると思います。

　少し話がそれましたが、事業としてどの物件を買うべきかは、まず
融資が出る物件というところが前提となります。その中で一番良いも
のを選ぶ、という方法が最もシンプルな考え方です。その前提で、一
番良い物件がたまたま土地勘のあるエリアであれば購入すればよく、
そうでない場合は特定の土地や物件にこだわる必要はありません。

不動産価格に不動産屋の利益が
たくさん乗っているのでは？

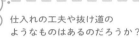

仕入れの工夫や抜け道の
ようなものはあるのだろうか？

A 相場以上の利益は乗せられない

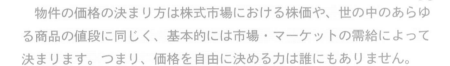

　物件の価格の決まり方は株式市場における株価や、世の中のあらゆる商品の値段に同じく、基本的には市場・マーケットの需給によって決まります。つまり、価格を自由に決める力は誰にもありません。

　不動産の情報は分かりにくい部分が多いためにあまりオープンな市場ではないという印象を持たれることが多いため、この質問にあるように「不当に不動産会社が利益を取っているのでは」という疑念を持たれる方は実際に多くいます。

　確かに株式市場に比べればオープンではありませんが、市場も相場も存在し、幅をもって商品＝物件を選ぶこともできます。こうした前提の中で、特定の1社だけが大きく利益を取ろうとしても、結局は相場の基準に沿った価格の物件から売れていきます。

このように、不動産の販売価格を不当に上げようとしても、そもそも購入する人がいないため、成り立たないのです。不動産会社も当然ながら企業なので利益を出しますが、それはあくまでも相場に沿った販売単価に紐づいた、相場に沿った利益になっていると考えてください。

✿ 空室の家賃に注意

不動産は相場通りでなければそもそも取引されない、ということは前述のとおりですが、相場よりも特別に安い、あるいは高い利回りに見せている不動産会社もいる点には注意が必要です。

投資用不動産は相場の利回りで価格が決まります。例えば、利回り8％が相場の物件があるとします。計算すると、1部屋当たり5万円の家賃で、10部屋だと50万円／月、年間で600万円になることがわかります。この物件が利回り8％だと、600万円÷8％＝7500万円となります。これが物件価格の決まり方です。

ですが、新築や空室の多い物件ではこの賃料を多く見せることができてしまいます。どういうことか説明します。例えば、前述の事例の家賃を一部屋当たり1万円増やし、5万円から6万円に変更したらどうなるでしょう。

〈家賃を5万円から6万円に増やした計算式〉
6万円×10部屋＝60万円／月×12カ月＝720万円／年÷8％
＝9000万円

一部屋当たり家賃を1万円増やすだけで、販売価格が1500万円も変わってきます。ここから逆に、前述の事例に同じく物件価格7500万円で据え置けば、利回り9.6％の物件になります。

　利回り8％が相場のエリアで9.6％の物件があれば、すぐにでも売れてしまうでしょう。しかし、これはどちらにしても家賃が相場通りになっていないため、絵にかいた餅に過ぎません。また、本来は物件価格7500万円、利回り8％の物件です。

　こうした、空室のある物件は家賃の設定次第で大きく販売価格や利回りを都合よく変えて見せることができてしまいます。

　このようなケースにおいて、事前知識がないまま、営業パーソンからすすめられるままに購入へ進めてしまえば大きなリスクを背負うことになりかねません。空室のある物件は必ず賃料査定をして、相場通りの賃料設定になっているかをしっかり確認するようにしましょう。

Q.7 ローンは変動金利／固定金利の
どちらがいい？

金利はその時々で変わるはず……
どう考えればいいのだろう？

interest rate

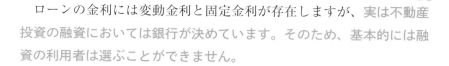

A # 基本的には借主側では選べない

　ローンの金利には変動金利と固定金利が存在しますが、実は不動産投資の融資においては銀行が決めています。そのため、基本的には融資の利用者は選ぶことができません。

　そして一般的には変動金利しかない、と言ってよいでしょう。ただ、一部の地銀やメガバンクが、たまに3年固定や5年固定といった短期間の固定を設けてくれることはあります。

　また、短期であっても固定金利がよいかどうか？　という疑問に対してですが、例えば金利の見直しまで5年残っている段階で、2年目で売却するようなことになった場合、残りの3年分の金利はこの段階で払わなければならないこともあります。

つまり、これは活用するタイミングによって判断が変わってくるところだと言えます。また当然、固定金利のほうが変動しない点において安心感がありますが、その分、変動金利に比べれば割高な金利になります。変動金利はその時々で一番安くなることがあるものの、反対に高い方向に変動していくリスクも内包しています。

　結論としては、上記内容を踏まえ、ここも信頼できる営業パーソンや不動産会社に相談してみるとよいでしょう。まずは融資を受けられる銀行があり、それが複数あるのであれば、その中でどの銀行にアプローチするのか、相談しながら適切な判断を下していきましょう。

Q.8 新築は割高なのでは？

新築は高いイメージがあるのですが、
どう見極めればいいのでしょうか？

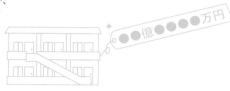

A **むしろ新築はお買い得**

　新築物件は割高なイメージがありますよね。

　私も不動産のプロになる前、新築物件は不動産会社の利益が乗っていて割高なんだろうと思っていました。しかし、実際は逆で、中古物件の方が割高だと感じています。

　その理由は先述の通り、相場で決まるからです。

　例えば、原価で土地2000万円、建物4000万円、合計6000万円の物件があるとします。

　ですが、この原価に関係なく、物件の販売価格は相場の利回り8％で計算される年収から決まります。仮に、この物件の年収が300万円だった場合は3750万円、600万円だった場合は7500万円です。

極端な例を出しましたが、こうした理由から相場が崩れれば原価割れを起こし、建設会社や不動産会社が損失を出すことは現実としてあります。つまり、不動産価格は相場から価格が決まり、仕入れ値、建設原価などは考慮されないのです。

　そして、この不動産価格の決まり方は新築でも中古でも同じです。

　しかも中古物件の場合、建物の状態や将来の修繕費はほとんど価格に組み込まれません。

　このことから、中古物件の方が割高で新築物件の方が割安になっていると言えます。

　ちなみに、本書購入特典のシミュレーションツールで計算すると、中古物件よりも新築物件の方が割安だということをより一層理解できると思いますので、上記の内容を流用してぜひ試してみてください。

　以上を踏まえて、新築物件は割高ではなくむしろ割安、という理解を踏まえた上で不動産投資をすると、利益も出しやすいでしょう。

Q.9 やり方次第で誰でも複数棟買える？

いつかはたくさん物件を経営できたらいいけど、
自分にもできるのだろうか？

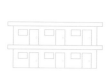

A 買えます。

不動産投資の上限は棟数ではなく 残債額によって決まる

　例えば、本業の収入が700万円の人は、およそ年収の20〜30倍程度、額にすれば1.4〜2.1億円程度まで物件を購入できます。

　この予算の範囲内であれば、1棟でも10棟でも購入できると考えてください。

無限に買い増すことはできない

　逆に言えば、この本業の収入の20〜30倍を超えて不動産投資を拡大する難易度は非常に高いと言えます。

　気を付けたいのは、購入した不動産の資産性や収入があるために、融資枠が無限に増えていくと誤解している不動産会社やオーナーさんがいる、という点です。その理由としては、融資額より資産性が低い「債務超過の状態」にならなければ、理論上は無限に融資が出るはずだから、という認識をしているためです。

　しかし、これは現実的にはあり得ません。無限に融資が出るのであればいくらでも投資できるわけですから、私としても嬉しい限りなのですが、残念ながら現実はそうではありません。

　その理由は、金融機関が融資の可否を決める際に最も重要な基準のひとつとしている「完済できるのかどうか」という観点が存在するためです。

　融資額よりも資産性の高い状態になっていれば、オーナーさんとしては最悪の事態になったとしても、売ることで返済は可能かもしれません。ですが、それでは金融機関は儲からなくなってしまいます。

　金融機関は融資の期間中、継続的に借りてもらいながら金利の支払いを受け取ることで利益を出しています。そのため、不動産の稼働率が落ちたとしても、給与などの不動産以外の収入も含めて返済が可能かどうかを重視しています。

　返済額は融資総額が増えれば増えるほど多くなりますから、ゆくゆくは給与を全額返済に回したとしても返済できない金額になっていきます。この給与に対して、どの程度まで貸せるかどうかは金融機関に

よって基準が異なりますが、貸し出せる幅が大きい金融機関であっても年収の30倍程度まで、というケースが多いようです。

　もちろん、タイミングや金融機関によっては40倍、50倍というところもあるとは思いますが、いずれにしても無限には買い進められず、上限が存在します。

　以上を踏まえて、自分が融資を受けられる範囲で最も効率の良い不動産投資を検討するのが一番利益を出しやすい方法だと言えます。

乗降客数が少ない駅は避けるべき？

大きな駅のある街のほうが人もたくさんいるし、
不動産投資の運営をしやすそうだけど……？

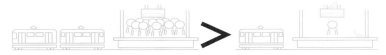

A 乗降客数はあまり関係がない

乗降客数より人口が増えているかどうかが重要です。

　人気物件があるのはメジャーなターミナル駅というイメージがあり、反対に乗降客数の少ない駅は不動産投資に不向きなのでは、と思われるかもしれませんが、実は関係がありません。

　ここで、私たちの経験を参考に、賃貸物件を探しにくる入居候補者の動きを想定してみましょう。

　まず、これから賃貸物件を探そう！　という方々が、乗降客数の少ない駅をめがけて探しに行くことはあまりない、というのは確かです。多くのお客さまはまず初めに、メジャーなターミナル駅の不動産屋に出向きます。そこで様々な物件の条件を比較・検討していく中で、家賃や通勤・通学、コストパフォーマンスを理由として、近隣に位置す

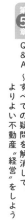

第**5**章

Q&A ～すべての疑問を解消して、よりよい不動産 "経営" をしよう～

191

る駅の物件まで手を広げて探し始める、という流れが一般的です。したがって、駅の乗降客数や街の規模は不動産投資の難易度とは関係がありません。

　例えば、京王線調布駅は乗降客数が多いターミナル駅です。そこから3駅新宿方面にある柴崎駅は、調布駅に比べれば各駅停車しか止まらず乗降客数も少ないでしょう。では、柴崎駅周辺の物件を避けるべきかというと、そうはなりません。調布駅の不動産屋に来たお客さまに向けて、柴崎駅も検討すべき範囲の物件として紹介されるからです。柴崎駅であれば新宿に通う人も住みますから、むしろおすすめかもしれません。

　別の観点として、人が減りつつあるエリアや、近隣に人がいないエリアであれば、そもそもおすすめすることはできませんが、人がいるエリア、あるいは何かしら大きな駅が近隣にあるということであれば、基本的に問題がないと考えてよいでしょう。

Q.11 法人にしたほうがよいタイミングはある？

不動産投資でどれくらい成功したら
法人にできるんだろう？

A 課税所得が900万円を超えてから
考える

　私が素人時代も思っていたことですが、どの程度の規模から法人にしたらよいのか、悩みますよね。

　結論から言えば、個人の所得税率より法人税率のほうが低くなるのは、課税所得900万円からです。さらに、売買で諸経費もかかることを踏まえれば、課税所得1000万円以上の人、または、そうなる予定の人は法人化がおすすめです。

　なお、補足しておくと、課税所得が1000万円以上になる予定の人は初めから法人で保有することをおすすめします。理由は、途中から法人に所有権を移すことができないためです。

　途中で所有権を移す場合は売買を行なうしかなく、売買契約の契約書が必要となり、所有権移転登記費用、不動産所得税などの各種税金

がかかります。また、個人から法人に移す際に利益が出た場合、譲渡所得税もかかります。

　このように個人から法人に所有権を移転する場合は多額の経費がかかってしまうため、条件を満たしている人で、ゆくゆくは法人化するつもりであれば、初めから法人で保有した方が自分の利益になります。

法人にすることで融資条件が有利になったりはしない

　法人の信用によって、より多くの融資が出るのか、という疑問を持つ人がいますが、一般的には融資枠が広がることはありません。理由は、金融機関は法人の信用に融資をしているのではなく、あくまでも個人の給与や資産状況など、個人の属性に対して融資をしているからです。

　ただし、その法人で5年、10年物件を保有して黒字決算を続けていくことで、法人の信用力がつく可能性はゼロではありませんが、基本的には難しいと考えてください。これは一般の事業法人と比べてみるとわかりやすいでしょう。

　例えば、1億円で利回り10％の高利回り物件があったとしても、年収1000万円で残債が1億円の会社となります。これが物件価格が2億円、3億円となったとしても、売上は2000万円、3000万円の売上規模です。

　一般的に、年商数千万円の会社は零細企業と呼ばれます。金融機関の視点に立つと、零細企業はリスクが高いため、5億円、10億円の融資はしてくれません。

　このように法人の信用で融資枠が広がることはほぼない、と考えてよいでしょう。

Q.12 賃貸併用住宅ってお得なの？

自宅を買って自己資金がなくなってしまうことを考えれば、
賃貸併用住宅はかなり魅力的に思えるけど……？

A 自宅と収益を生み出すための 物件は分けた方がよい

　賃貸併用住宅とは物件の一部を自宅にして、残りを賃貸として貸し出す物件のことです。

　一般的に、賃貸併用住宅は自己使用部分が半分以上あれば住宅ローンで融資を組めることが大きなメリットです。ほとんどの場合、アパートローンよりも住宅ローンのほうが借りる側にとって有利な条件になることが多いため、利益は出しやすいと言えます。

　と、ここだけ聞けば賃貸併用住宅はお得に見えるのですが、現実的には利益か利便性か、どちらかを捨てる必要があるケースが散見されます。

　賃貸併用住宅は、PLACではおすすめしていません。理由としては、

先ほどの土地勘のあるエリアの話と同様に、「あなたにとって、最も適切な賃貸の立地」と、「オーナーさんである自分にとって最も適した立地」は、イコールになることがほぼないからです。

　例えば、私たちが扱っている物件に、千葉県野田市の物件がありますが、この付近の物件は利回りがとてもよいものが多いのです。しかし、都心に住んでいる人にとってみれば、わざわざ引っ越して、そこから都心に通うというイメージは湧かない方が多いのではないでしょうか。

　反対に、都心にあって通勤しやすい物件を買おうとすれば、今度は利回りがすごく落ちてしまう可能性が高くなります。結局、この両面を追いかけると、どっちつかずの中途半端な投資になりかねません。

　以上を踏まえれば、収益性と居住の利便性、どちらかを妥協することができる方にとっては検討してもよい方法だと思います。「収益性が高いのであれば、1時間半かけてでも通勤する」という方や、逆に、「都心周辺で購入できれば、儲けは住宅ローンの足しになる程度でよい」という方は、取り組まれてもよいでしょう。

　このあたりは個人の価値観で検討する部分となりますが、私たちとしては、家は家で自分が住みたい場所に借りて、それとは別に不動産事業は自分にとって最も利益が出る物件を買うことをおすすめします。

Q.13　賃貸物件のニーズはどう調べる？

周辺環境？　街の将来性？　家賃？
物件のニーズはどうやって
推し測ればいいんだろう？

A　入居がつくかどうかの最大の
ポイントは、「賃料」である

土地の良し悪しを判断する場合、「地価が上がっているかどうか」
「人が増えているかどうか」という指標で見るとよいでしょう。

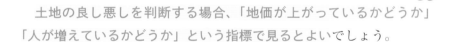

　先ほどお話ししたように、どの駅の周辺地区か、という視点はあまり意味がありません。ここでも野田市を例にとると、柏駅周辺で賃貸物件を探している人たちなども入居対象者にできます。

　そうした人たちが物件に入居するか否かを判断するポイントは、単純に賃料です。例えば、あるエリアの平均的な条件の物件があるとして、そこと比較して悪ければ賃料は下がりますし、そこより良ければ賃料が上がるといったように、需給で変わってきます。

　例えば「長い坂道がある」という条件の物件があった場合でも、そのことを含めた相場として設定され、人がいるエリアであれば、その

条件を飲んだ方の入居がつくものです。設備や坂などの周辺環境、駅からの距離など、これらは単純に相場を決める1つの要因でしかなく、相場に基づいた条件と賃料であれば入居者は集まります。需要がゼロでなければ、ほとんどすべての要因が相場によって決定されると言っても過言ではありません。

　ですから、私たちはよく、「人のいないエリアでさえなければ相場に応じて入居はつきます」と説明しています。人がいるのか、いないのか、増えるのか、減るのかといった判断は難しい問題ではありますが、強いて言えば、私たちがおすすめしている国道16号線の内側などであればおおむね安心だと考えています。

　例外として、これが例えばワンルームなのに駅まで徒歩30分かかる物件などになると、さすがに需要がゼロに近いものになってしまいます。そうでない条件であれば、そこまで神経質に気にする必要はありません。

　賃貸物件のニーズの有無については、ターミナル駅や近隣駅に不動産屋があれば聞いてみるとよいでしょう。その際、1つの意見だけで判断するのではなく、複数の意見を聞いてみてもよいかもしれません。

Q.14 適切な家賃はどう考えればいい？

家賃はあとから変えられる？
家賃は上げたり下げたりできる？
相場を調べたあとは、どう考えればいい？

A 高めに設定してチャレンジすることもアリ

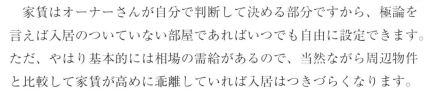

　家賃はオーナーさんが自分で判断して決める部分ですから、極論を言えば入居のついていない部屋であればいつでも自由に設定できます。ただ、やはり基本的には相場の需給があるので、当然ながら周辺物件と比較して家賃が高めに乖離していれば入居はつきづらくなります。

　私たちがサポートしているオーナーさんの中にも、ご提案した賃料より少し高いところからチャレンジしたいという方がいます。結果、高めに設定した賃料であっても埋まることもありますから、チャレンジしてみるのはアリでしょう。

　ただし、その金額で入るかどうかは誰にもわかりません。そこで、最初は高めの賃料でチャレンジしてみて、もし入居が決まらない場合にはあまり間を置かず、一定期間ごとに賃料を相場に寄せながら様子を見ていくというやり方をしてみるとよいでしょう。

おわりに

　投資用の不動産を買うかどうか悩んでいる人が比較するのは、ほとんどが株式投資・投資信託・暗号資産などを対象としていることが一般的です。ですが、不動産が買える人にとっては不動産が最も優秀な投資法だと思っています。

　今回、「副業としての不動産投資」というテーマで執筆したわけですが、やはり近年の副業という新しいトレンドにおいても、不動産投資が最もおすすめできるものだと改めて感じています。

　私は、子どもの頃から投資用の不動産が身近な環境で育ち、サラリーマンになってからは自分自身で不動産投資を始め、いまは不動産会社の代表を務めています。

　その昔、不動産業界に飛び込んだのは、不動産が身近なものだったこともありますが、それ以上に、最も儲かる投資は何なのか？　という好奇心がきっかけでした。まず、投資用不動産を扱う会社に入り、区分マンション、戸建て、一棟アパート、一棟マンション、店舗など、様々な不動産の売買を仲介してきました。

　その中で私自身が投資して一番利益が出ると思ったのが、本書でもおすすめしている「新築×木造×一棟アパート」の不動産投資だったのです。

私はいまでも新築一棟アパートを保有していますし、お付きあいのあるオーナーさんたちも多数の人が新築一棟アパートを保有して、いまも利益を出し続けています。

　本書の装丁にも書かれている通り、ほかの副業と比べても、ほかの投資と比べても、ほかの事業・経営と比べても、不動産投資は最も優れた投資法だと常に感じています。

　ローリスクでミドルリターンといつも言っているのですが、実はやり方次第ではローリスクでハイリターンを狙えるほどの、とてつもなく優秀な資産拡大方法だと考えています。

　本書の中でも例に出していますが、"10年程度で2000万円程度の利益が無理せず狙える投資"は、ほかにはないのではないでしょうか。

　これからの日本で生きていくには、悩みが尽きないと思います。年金は何歳から、いくらもらえるのか。定年後の生活がまかなえるだけの蓄えが用意できるのか。こういった金銭面での不安は尽きることのない人が多いことを、最近では特に感じています。

　こうした中で、自分の人生を自分で切り拓くためには、本業の給与以外で資産を増やしていくことが絶対的に必要な時代を迎えています。

　だからこそ、ローリスクでハイリターンを狙える不動産投資を多くの人に知ってもらい、不安を取り除き、1人でも多くの人が不動産投資を通じて幸せな人生を送ってもらいたい。いつもそう思いながらオーナーさんたちとお付きあいをしています。

　これから始めたいけど不安がある、何から始めればよいか分からないなど、1歩目を踏み出すことに躊躇している人は、まずはメールで

も電話でもよいので、相談してください。遠方の方であればwebでも無料面談を受けつけています。

　私は不動産投資が大好きです。人を幸せにするとても良いツールだと思っています。不動産会社を設立したのも、「不動産投資で不幸になる人を減らして、幸せになる人を増やしたい」と考えたからで、無理に販売することはありませんし、やめた方がよい人にはきっぱりとやめた方がよいと伝えています。
　私たちPLACは、不動産で前向きな資産形成ができるよう、一緒に考えてサポートしていきます。

　本書を手に取った皆さまが、お金に困らず、幸せで満足のできる人生を歩むための一助になれば幸いです。

鉄羅 敦士

本書ご購入者限定

読者特典

以下のURLから「シミュレーションツール」を
ダウンロードできます。

https://cm-group.jp/LP/40584/

※この特典は予告なく変更・終了する場合があります。あらかじめご了承ください

【著者略歴】

鉄羅敦士（てつら・あつし）

中央大学法学部出身。幼い頃から実家の賃貸経営を見て育つ。地域活性・経営コンサルティング会社、訪問鍼灸院の経営、投資用不動産専門会社を経て、2017年にPLAC株式会社設立。
同社設立以前より、投資用の新築マンション等の不動産投資を行なう。不動産のプロになって以降は、自らアパート・マンションを3棟経営している経験も生かし、将来を見据えた投資全般のコンサルティングを行なっている。

副業としての不動産投資

2021年12月21日　初版発行

発　行　**株式会社クロスメディア・パブリッシング**

発 行 者　小早川 幸一郎

〒151-0051　東京都渋谷区千駄ヶ谷4-20-3 東栄神宮外苑ビル

https://www.cm-publishing.co.jp

■ 本の内容に関するお問い合わせ先 ……………… TEL (03)5413-3140／FAX (03)5413-3141

発　売　**株式会社インプレス**

〒101-0051　東京都千代田区神田神保町一丁目105番地

■ 乱丁本・落丁本などのお問い合わせ先 ……………… TEL (03)6837-5016／FAX (03)6837-5023

service@impress.co.jp

(受付時間　10:00 ～ 12:00、13:00 ～ 17:00　土日・祝日を除く)
※古書店で購入されたものについてはお取り替えできません

■ 書店／販売店のご注文窓口

株式会社インプレス　受注センター ……………… TEL (048)449-8040／FAX (048)449-8041

株式会社インプレス　出版営業部 ……………………………………… TEL (03)6837-4635

カバーデザイン　城匡史（cmD）　　　　　DTP　安井智弘

印刷・製本　シナノ　　　　　　　　　　ISBN　978-4-295-40584-9 C2033

©Atsushi Tetsura 2021 Printed in Japan